Sascha Seidel

Transformationale Führung der Geschäftsführung als Einflussfaktor auf die Innovationsleistung und den Unternehmenserfolg von KMUs

igel
Verlag
RWS

Seidel, Sascha: Transformationale Führung der Geschäftsführung als Einflussfaktor auf die Innovationsleistung und den Unternehmenserfolg von KMUs, Hamburg, Igel Verlag RWS 2015

Buch-ISBN: 978-3-95485-262-8
PDF-eBook-ISBN: 978-3-95485-762-3
Druck/Herstellung: Igel Verlag RWS, Hamburg, 2015

Bibliografische Information der Deutschen Nationalbibliothek:
Die Deutsche Nationalbibliothek verzeichnet diese Publikation in der Deutschen Nationalbibliografie; detaillierte bibliografische Daten sind im Internet über http://dnb.d-nb.de abrufbar.

© Igel Verlag RWS, Imprint der Diplomica Verlag GmbH
Hermannstal 119k, 22119 Hamburg
http://www.diplomica.de, Hamburg 2015
Printed in Germany

Inhaltsverzeichnis

Abkürzungsverzeichnis **8**

Abbildungsverzeichnis **9**

1 Einleitung **11**

1.1 Innovation und Transformationale Führung 12

1.2 Auswirkungen von transformationaler Führung auf den Unternehmenserfolg 13

1.3 Zielsetzung der Untersuchung 13

1.4 Aufbau der Untersuchung und Abgrenzung 15

I Überblick von Führungsstilen in der Führungsforschung **16**

2 Charismatische Führung **19**

3 Full Range of Leadership **22**

3.1 Transaktionale Führung 23

3.2 Laissez Faire 24

3.3 Transformationale Führung 24

    3.3.1 Anforderungen an transformationale Führungskräfte 26

    3.3.2 Eigenschaften von transformationalen Führungskräften 27

    3.3.3 Eigenschaften der Geführten 29

    3.3.4 Effekte transformationaler Führung 30

    3.3.5 Messung von transformationaler Führung 31

    3.3.6 Kritische Würdigung der transformationalen Führung 34

4 Organisationales Commitment **35**

4.1 Unterscheidung von Commitment und Identifikation 35

4.2 Drei-Komponenten-Modell 37

4.3 Foci von Commitment 38

4.4 Messung von organisationalem Commitment 38

4.5 Effekte organisationalem Commitment 38

4.6 Commitment und transformationale Führung 40

5 Innovationen und Unternehmenserfolg in KMU´s **42**

5.1 Definition kleine und mittlere Unternehmen (KMU) 42

5.2 Innovationsarten 44

5.3 Innovationsbereitschaft 45

5.4 Einfluss von transformationaler Führung der Geschäftsführung auf die
    Innovationsbereitschaft 47

5.5	Innovationsleistung als Zielgröße von KMU´s	49
5.6	Unternehmenserfolg als Zielgröße von KMU´s	49
6	**Zusammenhang zwischen transformationaler Führung, Innovationsleistung und Unternehmenserfolg**	**52**
6.1	Wirkmodell zum Zusammenhang zwischen transformationaler Führung, Innovationsleistung und Unternehmenserfolg	53
6.1.1	Aufbau des Wirkmodells	53
6.1.2	Hypothesen zum Wirkmodell	55
II	**Empirischer Teil**	**59**
7	**Untersuchungsdesign**	**59**
7.1	Operationalisierung und Durchführung der Untersuchung	59
7.2	Stichprobenbeschreibung	61
7.3	Fragebogen- und Skalenentwicklung	65
7.3.1	Fragen zum Führungsstil	65
7.3.2	Fragen zum organisationalen Commitment	68
7.3.3	Fragen zur Innovationsbereitschaft und Innovationsleistung	69
7.3.4	Fragen zum Unternehmenserfolg	70
7.3.5	Soziodemografische und weitere Skalen	71
7.4	Messgüte der Skalen	71
7.4.1	Faktorenanalyse	72
7.4.2	Reliabilitätsanalyse	74
8	**Ergebnisse**	**76**
8.1	Analyse der Verteilung	76
8.2	Deskriptive Statistiken und Korrelationen	77
8.3	Explorative Analyse	78
8.4	Hypothesentestung	80
8.4.1	Effekte transformationaler Führung auf die Innovationsleistung	80
8.4.2	Effekte transformationaler Führung auf den Unternehmenserfolg	81
8.4.3	Effekte transformationaler Führung auf die Innovationsbereitschaft	83
8.4.4	Effekte transformationaler Führung auf das affektive Commitment	84
8.4.5	Effekte von affektiven Commitment auf die Innovationsbereitschaft	85
8.4.6	Effekte von Innovationsbereitschaft auf Innovationsleistung	85
8.4.7	Effekte von Innovationsleistung auf Unternehmenserfolg	86
III	**Empirische Ergebnisse und Ausblick**	**88**
9	**Zusammenfassung und Diskussion**	**88**

9.1   Zusammenfassung der empirischen Untersuchung 91

9.2   Implikationen für die Praxis.. 94

10 Fazit **96**

10.1 Einschränkungen und Anknüpfungspunkte weiterer Forschung 96

Literaturverzeichnis.. **97**

Abkürzungsverzeichnis

COBB   Commitment Organisation Beruf und Beschäftigungsform

EUROSTAT   Statistische Amt der Europäischen Union

KMU   Kleine und mittlere Unternehmen

MLQ   Multifactor Leadership Questionaire

OCB   Organizational Citizenship Behavior

SPSS   Statistical Package for the Social Sciences

TKI   Teamklima-Inventar

TLI   Transformational Leadership Inventory

Abbildungsverzeichnis

Abbildung 1:   Grobentwurf eines Wirkmodells 14

Abbildung 2:   Vergleich Leadership und Management (Bennis & Nanus, 1996, S. 89) 17

Abbildung 3:   Veränderung des Selbstkonzepts von Dörr (2009, S. 18) nach Shamir et al. 21

Abbildung 4:   Full Range of Leadership (Bass & Avolio, 1994, S. 5) 26

Abbildung 5:   Deutsche Version des MLQ 5x Short (Felfe, 2005, S. 55) 33

Abbildung 6:   Übersicht Organisationales Commitment (Rimbach, 2011, S. 20) 40

Abbildung 7:   Definition KMU nach Eurostat 43

Abbildung 8:   Drei Komponenten Modell nach Puggel (2012, S. 31) 47

Abbildung 9:   Wirkmodell 53

Abbildung 10: Soziodemografische Merkmale der Befragten 62

Abbildung 11: Geschäftsführer- und Unternehmensmerkmale 64

Abbildung 12: Fragebogenaufbau 65

Abbildung 13: Items – Transformationale Führung 67

Abbildung 14: Items - Transaktionale Führung, Laissez Faire und Erfolgskriterien 68

Abbildung 15: Items - Organisationales Commitment 69

Abbildung 16: Items - Innovationsbereitschaft 70

Abbildung 17: Item - Innovationsleistung 70

Abbildung 18: Items - Unternehmenserfolg (subjektiv) 71

Abbildung 19: Analyse der Normalverteilung 77

Abbildung 20: Mittelwerte, Standardabweichung und Interkorrelation 78

Abbildung 21: Korrelation - Personen- u. Unternehmensmerkmale nach Führungsstilen 79

Abbildung 22: Personen- u. Unternehmensmerkmale nach den abhängigen Variablen 79

Abbildung 23: Regressionsanalyse zur Überprüfung der Hypothese 1a 80

Abbildung 24: Regressionsanalyse zur Überprüfung der Hypothese 1b 82

Abbildung 25: Regressionsanalyse zur Überprüfung der Hypothese 1c 83

Abbildung 26: Regressionsanalyse zur Überprüfung der Hypothese 1d 84

Abbildung 27: Regressionsanalyse zur Überprüfung der Hypothese 1e 85

Abbildung 28: Regressionsanalyse zur Überprüfung der Hypothese 2 86

Abbildung 29: Regressionsanalyse zur Überprüfung der Hypothese 3 86

1 Einleitung

Durch die globale Vernetzung der Märkte sind Unternehmen heute einem größeren Wettbewerbsdruck ausgesetzt, dem die Marktakteure mit neuen Innovationen als strategischem Wettbewerbsvorteil begegnen müssen (Gumusluoglu & Ilsev, 2007, S.461). Die Auswirkungen dieses Wettbewerbsdrucks auf die Unternehmen sind enorm. Bestehende Märkte verändern sich und gewinnen durch den Eintritt neuer Marktteilnehmer an Dynamik. Klassische Markteintrittsbarrieren wie Economic of scale, Kostenvorteile und Produktdifferenzierung etc. der etablierten Unternehmen werden durch Investitionen der neuen Marktteilnehmer in Sach- und Humankapital zunehmend egalisiert (Porter, 2008, S. 39-44). Wer sich also auf bestehenden Märkten behaupten will oder neue Märkte erschließen möchte, muss sich strategisch und operativ wandlungsfähig aufstellen. Somit müssen die Kernkompetenzen der Unternehmen ständig weiterentwickelt werden, um mit den sich ständig wandelnden Marktbedingungen Schritt zu halten und zukünftige Marktbedingungen zu antizipieren (Porter, 2008, S. 56). Im Zentrum der für ein Überleben notwendigen Kompetenzen steht die Innovationskraft als wichtigste Voraussetzung für Wachstum, Profitabilität und Sicherung des Fortbestandes jeder Unternehmung (Arthur D. Little, 2004, S. 1). Insbesondere kleinere und mittlere Unternehmen sind auf Innovationen angewiesen, da sie oft nicht über die Finanzmittel verfügen, um Marktanteile z. B. durch eine aggressive Preispolitik langfristig zu halten (Spiegelkamp & Rammer, 2006, S. 18).

Aber wie lassen sich Innovationen hervorbringen? Die einfache Formel, technologisches Wissen mit Marktkenntnissen zu bündeln und daraufhin den richtigen Einsatz der unterschiedlichen Produktionsfaktoren zu finden, hilft hier allein nicht weiter (Spiegelkamp & Rammer, 2006, S. 18). In der Literatur wird zur Innovationsforschung vorwiegend auf Managementmethoden wie Business Process Reengineering oder Methoden der Produktdifferenzierung eingegangen, die den Innovationsprozess in Gang setzen sollen. Wenig beleuchtet in diesem Zusammenhang werden die sozialen Bedingungsfaktoren von Innovationen. Letztlich sind es aber die Mitarbeiter und Führungskräfte einer Organisation, die mit ihren kreativen Ideen den Innovationsprozess starten und die Realisierung von Innovationen vorantreiben (Jung, Chow & Wu, 2003, S. 526). Somit stellt sich die Frage, welche Bedingungen gegeben sein müssen, damit die klugen Köpfe in den Unternehmen Innovationen kreieren und so die Wettbewerbsfähigkeit und den Erfolg des Unternehmens langfristig sichern.

1.1 Innovation und Transformationale Führung

Für die Etablierung eines innovativen Umfeldes sind neben den erwähnten technologischen Rahmenbedingungen (neueste Labortechnik, moderne Hard- und Software etc.) die entsprechende Unternehmenskultur der Organisation und der Führungsstil entscheidend (Gumusluoglu & Ilsev, 2007, S. 461). Dies ist besonders in der Umsetzungsphase von Innovationen in Organisationen wichtig. Die Mitarbeiter in einer intakten Organisationskultur teilen Normen und Werte, die sich auf die Gestaltung und Wahrnehmung von Arbeits- und Organisationsbedingungen auswirken (Schuler, 2007, S. 538). Durch die Umsetzungsphase des Innovationsprozesses verändern sich diese Bedingungen, so dass bei den Mitarbeitern die Verunsicherung wächst und es ggf. zu Widerständen kommen kann. Ein entsprechender Führungsstil, der die Offenheit für Neues fördert, kreative Freiräume schafft, Partizipation und das Vertrauen vorlebt, einen positiven Einfluss auf die Mitarbeiter während der Umsetzungsphase hat, gibt die notwendige Sicherheit zur Bewältigung der Arbeit, was die Innovationskraft eines Unternehmens steigert (Felfe, 2005, S. 31) Innerhalb der Innovationsforschung gibt es bereits einige Studienen zum Thema Innovation und Führung. Insbesondere die transformationale Führung wurde als ein Führungsstil identifiziert, der sich förderlich auf die Innovationsleistung der Mitarbeiter und der Organisation insgesamt auswirkt (Rowold & Streich, 2007, S. 98). Kennzeichnend für diesen Führungsstil ist, dass die Führungskraft visionär ist und Mitarbeiter sinnstiftend und motivierend führt. Im Kern geht es darum, die Werte, Motive und Überzeugungen der Geführten zu verändern. Dabei werden die persönlichen Bedürfnisse zu Gunsten höherer organisationaler Ziele zurückgestellt, um die gemeinsame Vision zu realisieren (Dörr, 2010, S. 22). Auch nimmt bei transformationaler Führung die Beziehung zwischen Führungskraft und Geführten eine besondere Rolle ein. Die Qualität der Beziehung ist bei diesem Führungsstil beständiger und geht über die Ansprüche der Mitarbeiter hinsichtlich monetärer und sozialer Bedürfnisse hinaus, da Ziele, Bedürfnisse und Ansprüche der Mitarbeiter umgewandelt werden (Shamir, House & Arthur, 1993, S. 583). Diese Eigenschaften der transformationalen Führung können den Mitarbeitern die notwendige Orientierung, Motivation und Inspiration erzeugen, welche sich in einer höheren Innovationsbereitschaft und letztendlich in einer höheren Leistung niederschlagen kann (Rowold & Streich, S. 95).

1.2 Auswirkungen von transformationaler Führung auf den Unternehmenserfolg

Wie in dem vorangegangenen Unterkapitel erläutert, dient der richtige Führungsstil als Inspirator und Motivator in einem innovativen Umfeld, um die Innovationsleistung eines Unternehmens zu fördern und letztlich dessen Erfolg zu sichern. Die bisherigen Forschungsergebnisse zum Thema transformationale Führung und Unternehmenserfolg haben gezeigt, dass die beiden Variablen unter bestimmten Rahmenbedingungen positiv miteinander korrelieren. In einer Studie zum Zusammenhang zwischen einer charismatisch-visionären Führung der Geschäftsleitung und dem Unternehmenserfolg in den USA konnten Waldmann, Ramirez, House und Puranam (2001, S. 134-143) zeigen, dass der Zusammenhang zwischen dieser Art der Führung und dem Unternehmensgewinn in wirtschaftlich dynamischen Zeiten enger ist als in Zeiten hoher Stabilität. Die Autoren zeigten mit ihrer Studie, dass sich transformationale Führung besonders in wirtschaftlich unsicheren Zeiten positiv auf den Unternehmenserfolg auswirkt (Waldmann et al., 2001, S. 134-144).

Wenig erforscht ist bislang die transformationale Führung der Geschäftsführung als Einflussfaktor auf die Innovationsleistung und den Unternehmenserfolg bei kleineren- und mittleren Unternehmen.

1.3 Zielsetzung der Untersuchung

Das Ziel dieser Untersuchung ist es, die Zusammenhänge zwischen transformationaler Führung der Geschäftsführung, der Innovationsleistung und dem Unternehmenserfolg zu untersuchen. Als Stichprobe werden Mitarbeiter und Führungskräfte zum Führungsstil ihrer Geschäftsführung in kleineren- und mittleren Unternehmen (nachfolgend KMU) befragt. Konkret werden anhand eines zu Grunde liegenden Wirkmodells folgende Sachverhalte quantitativ überprüft:

- Zusammenhang von transformationaler Führung der Geschäftsführung und Innovationsleistung. Geprüft wird, wie stark der transformationale Führungsstil der Geschäftsführung und der Innovationsoutput positiv zusammenhängen.

- Zusammenhang zwischen Innovationsleistung und Unternehmenserfolg. Hier wird der positive Zusammenhang zwischen der Innovationsleistung und der subjektiv wahrgenommenen Wettbewerbsfähigkeit, Stärke im Markt und wirtschaftlichem Erfolg (Profitabilität) untersucht.

- Zusammenhang von transformationaler Führung und affektivem Commitment. Geprüft wird, wie stark transformationale Führung und affektives Commitment positiv korrelieren. Dabei nimmt das affektive Commitment eine vermittelnde Rolle auf die abhängige Variablen Innovationsleistung und Unternehmenserfolg ein.

- Zusammenhang von affektivem Commitment und Innovationsbereitschaft. Untersucht wird, wie stark das affektive Commitment und die Innovationsbereitschaft positiv zusammenhängen.

- Zusammenhang von transformationaler Führung der Geschäftsführung und Innovationsbereitschaft der Mitarbeiter in KMU´s. Untersucht wird, wie stark transformationale Führung durch die Geschäftsführung mit der Innovationsbereitschaft der Mitarbeiter positiv korreliert.

- Zusammenhang von Innovationsbereitschaft und Innovationsleistung. Geprüft wird, wie stark die Innovationsbereitschaft und die Innovationsleistung positiv korrelieren.

- Zusammenhang von Innovationsleistung und Unternehmenserfolg. Untersucht wird, wie stark die Innovationsleistung und der Unternehmenserfolg positiv zusammenhängen.

Auf nachfolgender Abbildung wird die erste Überlegung eines Wirkmodells, das als Grundlage für die empirische Untersuchung dienen soll, grafisch dargestellt.

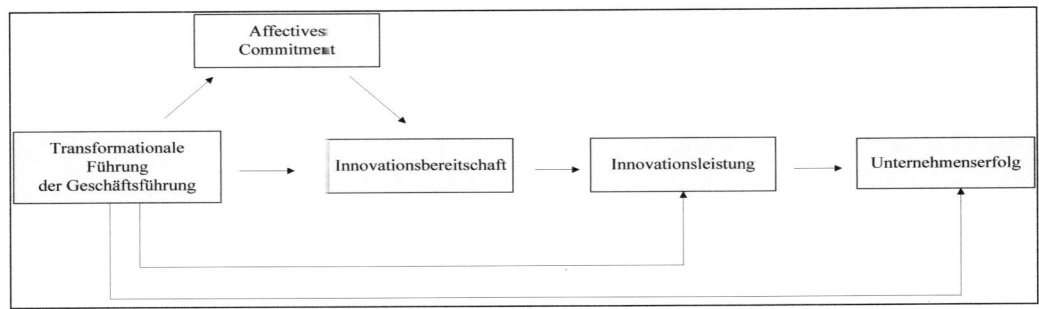

Abbildung 1: Grobentwurf eines Wirkmodells

Das Untersuchungsobjekt sind Mitarbeiter von KMU´s, die direkt und regelmäßig mit der Geschäftsführung zusammenarbeiten. Diese Eingrenzung hat den Vorteil, dass diese Personen valide Auskünfte einerseits zum Führungsstil der Geschäftsführung und anderseits zur eigenen Innovationsbereitschaft, der Innovationsleistung sowie dem Unternehmenserfolg geben können. Vorzugsweise werden Unternehmen mit innovativen Produkten und Dienstleistungen ausgewählt, bei denen die Befragten Innovationen klar identifizieren können. Da die bisherigen Studien zum Zusammenhang von transformationaler Führung und Innovations-erfolg sich vornehmlich auf Konzerne fokussierten, hat diese Untersuchung den Anspruch spezifische Erkenntnisse für KMU's zu gewinnen. Die Eigenschaften und Rahmenbedingun-gen von KMU's, wie z. B. flache Hierarchien, kurze Entscheidungswege und herrschender Wettbewerbsdruck erscheinen gut geeignet zu sein (Spiegelkamp & Rammer, 2006, S. 18), um transformationale Führung der Geschäftsführung als Impulsgeber für Innovationsleistung und Unternehmenserfolg zu identifizieren und zu bewerten (Waldman et al., 2001, S. 135).

1.4 Aufbau der Untersuchung und Abgrenzung

Diese Untersuchung ist in drei Teile gegliedert. Im ersten Teil werden die theoretischen Grundlagen in Bezug auf das Wirkmodell erarbeitet. Dabei wird zuerst auf die Führungsfor-schung und deren Entwicklungen bis zu den Theorien des New Leadership Approachs eingegangen. Anschließend werden die Führungsstile des Full Range of Leadership näher beleuchtet, da der Ansatz die theoretische Grundlage der unabhängigen Variablen transforma-tionale Führung des Wirkmodells berücksichtigt und die Abgrenzung zu den anderen Füh-rungsstilen verdeutlicht. Im weiteren Verlauf werden die Eigenschaften und Bedingungen sowie die Effekte der transformationalen Führung vorgestellt. Das organisationale Commit-ment stellt den nächsten Themenblock dar und wird im Kontext zur transformationalen Führung und der Innovationsbereitschaft näher beleuchtet. Darauf aufbauend werden die abhängigen Variablen des Wirkmodells Innovationsbereitschaft, Innovationsleistung und Unternehmenserfolg vorgestellt. Der erste Teil wird abgeschlossen mit der Modell- und Hypothesenentwicklung auf Basis der theoretischen Überlegungen. Es werden die einzelnen Zusammenhänge zwischen transformationaler Führung, affektivem Commitment, Innovati-onsbereitschaft, Innovationsleistung und Unternehmensfolg detailliert dargestellt. Die Zusammenhänge werden anschließend mit Hypothesen unterlegt und bilden die Grundlage für den empirischen Teil. Der zweite Teil beschäftigt sich mit der empirischen Untersuchung. Es wird das Untersuchungsdesign, die Operationalisierung der Variablen und die Durchführung der Untersuchung erläutert sowie die Erhebung und Analyse der Daten aufgezeigt. Der dritte Teil bildet die Schlussbetrachtung. Es werden die empirischen Ergebnisse zusammengefasst und in Verbindung mit den aufgestellten Hypothesen erläutert. Abschließend wird ein Fazit gezogen und Einschränkungen der Untersuchung sowie weitere Anknüpfungspunkte für weitere Untersuchungen zu diesem Thema aufgezeigt.

I   Überblick von Führungsstilen in der Führungsforschung

Zu Beginn der Forschung, zwischen 1930 und 1950, stand die Eigenschaftstheorie oder Trait Approach im Fokus. Dem Ansatz liegt zu Grunde, dass die Persönlichkeit der Führungskraft für den Führungserfolg entscheidend ist. Durch diese angeborenen Eigenschaften der Führung wird die Person automatisch zur Führungskraft, unabhängig von der Situation oder Struktur der anzuführenden Gruppe. Die Eigenschaften wurden intuitiv-introspektiv und empirisch-statistisch ermittelt und anschließend katalogisiert (Jung, 2005, S. 408). Der Fokus auf die Persönlichkeitseigenschaften der Führenden wurde im weiteren Verlauf der Forschung als Problem erkannt, sodass ab Ende der 1940er Jahre die Eigenschaften und Situationen der Gruppen einbezogen wurden. Hieraus entstanden die Verhaltenstheorien oder Behavioral Approach, bei dem eben nicht mehr nur die Eigenschaften, sondern auch das Verhalten des Führers untersucht wurde. Eine Sonderstellung nahm hier die Gruppentheorie ein, die den Führungserfolg mit der Analyse von Verhaltensweisen innerhalb der Gruppe analysierte (Jung, 2005, S. 409). Gegen Ende der 1960er Jahre wurden die verhaltensbezogenen Führungstheorien um den situativen Kontext erweitert. Aus diesem veränderten Blickwinkel wurden die Situations- und Interaktionsansätze entwickelt, welche der Kontingenztheorie zugeschrieben werden. Die Situationstheorie oder Situational Approach versucht, den geeigneten Führungsstil unter Berücksichtigung von situationsbedingten Faktoren wie Akzeptanz der Autorität der Führungskraft und Beziehung zwischen Führungskraft und Mitarbeiter zu bestimmen (Yukl, 2006, S. 14). Nochmals ergänzt wurden die Modelle durch die Interaktionstheorien, die nicht nur das Verhalten des Führers beleuchten, sondern auch die interpersonale Beziehung der Gruppenmitglieder zum Führer analysierten. Durch diese wechselseitige Einflussnahme wird die Situation nochmals komplexer (Jung, 2005, S. 409). Ab den 1970er Jahren kamen weitere Ansätze wie z. B. die Motivationstheorie hinzu. Eines der geläufigsten Modelle hieraus ist die Weg-Ziel-Theorie von Evans (1970), welche House (1971, 321-339) genauer untersuchte.

Anfang der 1980er Jahre begann ein Paradigmenwechsel in der Führungsforschung (House & Shamir, 1993, S. 81). Der Fokus richtete sich nun auf den Führungserfolg und die Erzielung von herausragender Leistung. Im Zentrum stand der New Leadership Approach, der die charismatische, visionäre und transformationale Führung als bedeutendste Ansätze beinhaltete. Grundlegend gehen die Ansätze des New Leadership Approach nicht mehr von einem Menschenbild aus, bei dem die extrinsische Motivation im Vordergrund steht, um bestimmte

Leistungen ausschließlich über die Kosten-Nutzen-Relevanz zu erbringen. Vielmehr wird die intrinsische Motivation in das Zentrum der Untersuchung gestellt, bei dem die Geführten nach selbstgestalteter Freiheit streben sowie nach Sinn und Bedeutung ihrer Tätigkeit trachten, um herausragende Leistungen zu generieren (Eisenbeiß, 2008, S. 13). Der Ansatz unterscheidet ferner verschiedene Typen und Stile von Führungskräften. So differenziert Zaleznik Führungskräfte nach Leader und Manager. Diese Unterscheidung begründet er vor dem Hintergrund zunehmender Veränderungen. Bei diesem Vergleich wurden die beiden Typen hinsichtlich Zielen, Handlungsstrategien und Rollen charakterisiert. Der Managertyp wurde als Führungskraft mit hoher Zahlenaffinität und reservierter Haltung zum Unternehmen definiert, der seine Ziele fest im Blick hat und bekannte Management-Werkzeuge zur Lösung von Problemen wählt. Die Zusammenarbeit mit Mitarbeitern wird funktional eingegangen. Dagegen wird der Leader als Visionär angesehen, der kreativ, risikobereit und empathisch seine Mitarbeiter zur Kooperation begeistert (Felfe, 2005, S. 19). Bennis und Nanus (1996, S. 89) unterschieden ähnlich wie Zaleznik nach Leadership und Management. Als Merkmale der Unterscheidung wurden das Verhalten, das Rollenverständnis und die Prioritäten gewählt, wie in nachfolgender Abbildung zu erkennen ist.

Comparisons between Leadership and Management		
Category	Leadership	Management
Thinking Process	Focuses on people Looks outward	Focuses on things Looks inward
Goal Setting	Articulates a vision Creates the future Sees the forest	Executes plans Improves the present Sees the trees
Employee Relations	Empowers Colleagues Trusts & develops	Controls Subordinates Directs & coordinates
Operation	Does the right things Creates change Serves subordinates	Does things right Manages change Serves superordinates
Governance	Uses influence Uses conflict Acts decisively	Uses authority Avoids conflict Acts responsibly

Abbildung 2: Vergleich Leadership und Management (Bennis & Nanus, 1996, S. 89)

Diese Unterscheidung von Zaleznik zwischen Leader und Manager ist für diese Untersuchung hilfreich, da dieser Vergleich ebenfalls für die Differenzierung zwischen transformationaler Führung (Leadership) und transaktionaler Führung (Management) herangezogen werden kann.

In dem nächsten Kapitel werden die wesentlichen Theorien des New Leadership Approachs vorgestellt. Zunächst wird die charismatische Führung erläutert, deren Inhalte in weiten Teilen als Grundlage der transformationalen Führung dienen. Im Anschluss werden die Konzepte des Full Range of Leadership vorgestellt. Der Schwerpunkt wird hier auf der transformationalen Führung liegen, da diese Untersuchung auf diese Führungstheorie aufbaut.

2 Charismatische Führung

Der Begriff Charisma in Bezug auf Führung wurde das erste Mal von Max Weber 1922 verwendet. Weber beschrieb einen charismatischen Führer als Person, die sich von anderen Personen in dessen Umfeld abhob aufgrund ihrer außerordentlichen Persönlichkeit und somit die Legitimation nicht aufgrund von Regeln und Strukturen erhielt. Weber sah das Konzept der charismatischen Herrschaft als dichotom an, entweder hat die Person die charismatischen Persönlichkeitseigenschaften oder nicht (Felfe, 2005, S. 24).

House nahm das Konzept der charismatischen Führung von Weber 1977 auf und entwarf ein Gerüst von Eigenschaften und Verhaltensweisen, die erforderlich für charismatische Führer sind und zeigte auf, wie diese auf die Geführten wirkten. Im Wesentlichen verfügen charismatische Führer über ein hohes Selbstvertrauen, sind überzeugt von den eigenen Ansichten bzw. Idealen und beeinflussen andere Personen (Judge, Woolf, Hurst & Livingston, 2006, S. 204). Die Vorgehensweise der charismatischen Führer erfolgt nach dem Konzept von House in folgenden fünf Schritten (Felfe, 2005, S. 24):

- Goal articulation (Formulierung von Zielen)

- Image Building (Mit eigenen Kompetenzen und Erfolge hervortun)

- Motive arousal behavior (Motive der Geführten anregen)

- Role modeling (Vorbildfunktion wird bewusst geschaffen)

- Exhibiting high expectations and showing confidence (Hohe Erwartungen ausdrücken und in die Fähigkeiten der Geführten zur Erfüllung vertrauen)

Durch diese Vorgehensweise erzeugt die charismatische Führungskraft bei den Geführten eine Reaktion, die sich wie folgt auswirkt (Felfe, 2005, S. 24):

- Loyalität und Bindung gegenüber der Führungskraft,

- Identifikation mit den Aufgaben,

- Nachahmen von Zielen, Werten, Vorgehensweisen der Führungskraft und

- Vertrauen in die Richtigkeit gegenüber der Überzeugung der Führungskraft.

Hinsichtlich der Vorgehensweise von charismatischen Führern geht der Ansatz von House davon aus, dass die Verfassung von Zielformulierungen (goal articulation) vor allem moralisch getrieben ist und zudem eine attraktive Vision berücksichtigt. Die Akzeptanz der Vorbildfunktion (role modeling) wird durch eine vorgelebte Verhaltensweise der Führungskraft erreicht, die von den Geführten als empathisch und erfolgreich wahrgenommen wird (image building). Dabei ist eine hohe Übereinstimmung der Wertvorstellungen zwischen Führungskraft und Geführten wichtig, um die Akzeptanz der Vorbildfunktion zu erreichen. Die Formulierung von hohen Erwartungen in Verbindung mit der entsprechenden Zuversicht zur Zielerreichung erzeugt bei den Geführten ein höheres Selbstvertrauen. Höhere Ziele und hohe Leistungsbereitschaft werden eher akzeptiert, wenn die hohen Erwartungen mit Zuversicht und Vertrauen gegenüber den Geführten ausgesprochen werden. Daneben sieht dieser Ansatz die Verknüpfung von Aufgaben und Zielen mit den Motiven der Geführten als essentiell an, um die Führung erfolgreich zu gestalten (Dörr, 2009, S. 16).

Shamir et al. entwickelten 1993 das Selbstkonzept von House aus dem Jahre 1977 weiter (Judge et al., 2006, S. 203). Im Mittelpunkt dieser Weiterentwicklung steht die Beeinflussung und Veränderung des Selbstkonzeptes als Motiv für die Motivation der Geführten. Demzufolge drücken sich Menschen über ihr Verhalten, ihre Werte, Einstellungen und Gefühle so aus, dass sie ihrem Tun einen Sinn geben. Hierbei sind die motivationalen Wirkmechanismen von zentraler Bedeutung. Der Erhalt und die Erhöhung des Selbstwerts, die Stabilität und Ausdauer des Selbstkonzeptes und die Aufrechterhaltung von Hoffnung und Sinn tragen maßgeblich zu diesen motivationalen Mechanismen bei. Somit entsteht nach Shamir et. al. intrinsische Motivation, wenn Aufgaben und Ziele mit den Motiven der Geführten authentisch zusammengebracht werden (Felfe, 2005, S. 25). Dörr (2009, S. 17) betont als zusätzlichen Effekt, dass durch bestimmtes Führungsverhalten intrinsisch motivationale Wirkmechanismen angeregt werden und somit Loyalität, Commitment und Organizational Citizenship Behavior entstehen, was bei den Geführten zu einer Transformation des Selbstkonzeptes führt. In der folgenden Abbildung wird der erweiterte Ansatz von Shamir et al. in der Fassung von Dörr nochmals dargestellt.

Verhalten der FK	Motivationaler Mechanismus	Effekte für das Selbstkonzept	Zusätzliche Effekte
• Werteorientierte Erklärungen • Unterstreichen der gemeinsamen Identität	Stabilität und Kontinuität des Selbst	• Erhöhung der Selbstachtung • Erhöhung des Selbstwertes	• „Commitment gegenüber FK und Aufgabe"
• Bezugnahme auf Geschichte und Tradition • Bezug zu Wert und Kompetenz der Mitarbeiter	Erhalt und Steigerung von Selbstbewusstsein und Selbstwert	• Erhöhung der Selbstwirksamkeit • Erhöhung gemeinsamer Selbstwirksamkeit	• „Selbstaufopferndes Verhalten"
• Bezug auf gemeinsame Wirksamkeit • Ausdruck von Vertrauen und Zuversicht	Erhaltung der Hoffnung	• Identifikation mit der FK und der Gruppe • Übernahme der Werte	• „Organizational Citizenship Behavior"

Abbildung 3: Veränderung des Selbstkonzepts von Dörr (2009, S. 18) nach Shamir et al.

Neben dem Selbstkonzept von Shamir, House und Arthur haben Conger und Kanungo 1989 ein pragmatisches Modell zur Bestimmung von charismatischen Verhaltensmerkmalen und der Situation herausgearbeitet (Felfe, 2005, S. 29). Aufgrund der geringen Relevanz zu dieser Untersuchung wird auf eine nähere Beleuchtung dieses Modells verzichtet.

3 Full Range of Leadership

Ein Aspekt des New Leadership Approach ist die Unterscheidung von Führungsstilen in Leadership und Management und den dazugehörenden eigenschafts- und verhaltenstheoretischen Ansätzen wie z. B. Zaleznik, Bennis, Nanus und Shamir (vgl. Kapitel 2.2, S. 17). Burns baute auf den Erkenntnissen der Ansätze 1978 auf und entwickelte ein Konzept für die Politik. Dabei unterschied er die Führungsstile nicht in Management und Leadership, sondern in transaktionale und transformationale Führung. Das Konzept sah beide Führungsstile als grundsätzlich gegensätzlich an, entweder ist eine Führungskraft transaktional oder transformational. Im Jahre 1985 adaptierte Bass das Konzept von Burns für die Wirtschaft. Bass entwickelte sein Modell mit dem Ziel, die Verhaltensweisen, die durch transaktionale und transformationale Führung auftreten, bestimmbar zu machen. Zudem erkannte er, dass die bisherigen Ansätze nur den Schwerpunkt verfolgten, die Austauschbeziehung um ihre Verstärkermechanismen („Zuckerbrot und Peitsche") zu verändern (Dörr, 2009, S. 12). In seinem Ansatz geht er davon aus, dass die ausschließliche Veränderung der Verstärkermechanismen (z. B. mehr „Zuckerbrot" statt „Peitsche") nicht ausreicht, um emotionale Wirkungen bei den Geführten zu erzeugen. Daher griff Bass den Ansatz von Burns als Grundlage für die Übertragung von transaktionaler und transformationaler Führung für Wirtschaftsunternehmen auf. Bass (1996, S. 463-478) sieht in seinem Modell die beiden Führungsstile jedoch nicht wie Burns als dichotom, sondern als gleichberechtigt an, um so die volle Bandbreite von Führungsstilen optimal zu nutzen und letztlich einen Führungserfolg zu erzeugen. Das zentrale Element seines Konzepts ist das Full Rang of Leadership, das Bass später mit Avolio weiter entwickelte. Bass und Avolio nehmen grundsätzlich an, dass Führungskräfte nicht lediglich einen Führungsstil anwenden, sondern situativ abhängig verschiedene Führungsstile nutzen (Felfe, 2005, S. 36). Ihrer Annahme nach können Situationen entstehen, in dem eine transformationale Führungskraft zu einem transaktionalen oder einem passiven Führungsstil neigt, um ein gewünschtes (organisationales) Ziel zu erreichen. Diesem Umstand geschuldet haben die beiden Autoren das Full Range of Leadership Modell entwickelt, dass das Zusammenspiel insbesondere von transformationaler Führung und dem transaktionalen Führungsstil *Bedingte Belohnung* als das optimale Führungsverhalten gesehen wird. (Bass & Avolio, 1995, S. 5).

3.1 Transaktionale Führung

Im Zentrum der transaktionalen Führung nach Bass (1993), und später Bass und Avolio (1995), steht die soziale Austauschbeziehung zwischen Führungskraft und Geführten. Diese Austauschbeziehung erfolgt durch eine gegenseitige Beeinflussung. So erkennt die Führungskraft in der Gruppe bestehende Normen an und geht auf die Bedürfnisse der Geführten ein. Die Führungskraft übernimmt ihrerseits Koordinierungsaufgaben und begegnet den Geführten mit Kompetenz bei der Bewältigung von Aufgaben. Als Gegenleistung erhält die Führungskraft von den Geführten Gehorsam, Anerkennung und Unterstützung (Steyrer & Meyer, 2010, S. 149). Aus diesem Ansatz ist zu erkennen, dass sich die transaktionale Führung an den Bedingungen der Geführten orientiert (Dörr, 2009, S. 25). Kriterien der gegenseitigen Leistungen sowie deren Belohnung und Bestrafung werden zusammen festgelegt, was zu einer gegenseitigen Verstärkung der Beziehung führt. Einer höheren Zielerreichung folgt eine höhere Entlohnung. Eine geringere Zielerreichung bedingt entsprechend eine geringere Entlohnung. Das Konzept der transaktionalen Führung unterstellt somit rationale Verhandlungspartner, die stets die Abwägung von Chancen und Nutzen vornehmen. Ferner lässt sich die transaktionale Führung in zwei Komponenten unterscheiden, der bedingten Belohnung und dem Management by Exception (Steyrer & Meyer, 2010, S. 149).

Bedingte Belohnung

Bei der bedingten Belohnung (Contingent Reward) wird die Zielerreichung mit der Belohnung verknüpft, um ein gewünschtes Verhalten der Geführten zu erreichen. Die Führungskraft geht dabei auf die Bedürfnisse der Geführten ein und setzt Bedingungen (Ziele), damit die Befriedigung der Bedürfnisse der Geführten erzielt wird. Bei dieser „Wenn-dann-Beziehung" zwischen Führungskraft und Geführten wird die Belohnung und Bestrafung also in das Zentrum dieses Führungsstils gesetzt. Wenn die Ziele erreicht wurden, erhält der Geführte z. B. einen Bonus bzw. bei Nicht-Erreichung keinen Bonus.

Management by Exception

Die zweite Komponente der transaktionalen Führung ist das Management by Exception, das sich in eine aktive und passive Form unterscheidet. Beim Management by Exception aktiv legt die Führungskraft ihren Fokus auf Fehler und kritische Situationen, um die Zielerreichung und die Einhaltung von Absprachen nicht zu gefährden. Das Management by Exception passiv, ist gekennzeichnet dadurch, dass die Führungskraft in einer passiven Rolle verweilt und erst aktiv wird, wenn kritische Handlungsfelder entstehen. Die Überwachung von Standards erfolgt durch die Passivität nicht, im Gegensatz zum Management by Exception aktiv.

3.2 Laissez Faire

Ein weiterer Führungsstil des Full Range of Leadership ist die Laissez Faire-Führung oder die Nicht-Führung, bei dem diese verweigert wird. Im Zentrum stehen die Passivität und die Unterlassung von Führung und Einfluss. Durch diese Vermeidungsstrategie werden dringende Entscheidungen prokrastiniert und führen selbst zu Problemen (Harazd & Ophuysen, 2011, S. 144-145).

3.3 Transformationale Führung

Die transformationale Führung baut auf der transaktionalen und charismatischen Führung auf (Deeg & Weiber, 2012, S. 27; Felfe 2005, S. 29). Von der transaktionalen Führung betrachtet, stellt die transformationale Führung eine höhere Qualität der Beziehung zwischen Führungs-kraft und Geführten dar, während von der charismatischen Führung her die Beziehung zwischen Führungskraft und Geführten im Mittelpunkt verortet ist (Deeg & Weiber, 2012, S. 27). Die transformationale Führung strebt die Veränderung von Werten, Überzeugungen und Motiven der Geführten an. Damit einhergehend sollen die Bedürfnisse der Geführten, die bereits in einer bestehenden Austauschbeziehung existieren, auf ein höheres Anspruchsniveau gehoben werden, sodass eine angestrebte Veränderung der Organisationskultur entsteht. Die bestehenden Bedürfnisse treten durch die transformierten Bedürfnisse und Motive zu Gunsten der höheren Bedürfnisse in den Hintergrund. Dabei wird die Bedeutung der eigenen Arbeit der Geführten als Beitrag für die Vision auf eine charismatische Weise von der Führungskraft erklärt und bewertet. Ferner werden die Möglichkeiten zur Erreichung der Vision von der Führungskraft inspirierend aufgezeigt. Dabei steht die Zurücknahme der eigenen Bedürfnisse des Einzelnen zu Gunsten der höheren Bedürfnisse der Organisation im Mittelpunkt, um das Unternehmensziel (Vision) zu erreichen. Durch die Veränderung der höheren (sinnstiftenden) Bedürfnisse wird das Selbstwertgefühl der Geführten gesteigert und erzeugt damit zusätzlich einen motivierenden Effekt (Felfe, 2005, S. 32). Die zentralen Eigenschaften transformationaler Führung hat Bass als die vier I´s definiert und wie folgt beschrieben (Steyrer & Meyer, 2010, S. 149):

Idealisierte Einflussnahme (Charisma)

Sie wird erzeugt, indem die Führungskraft die Vorbildfunktion einnimmt und so Glaubwürdigkeit ausstrahlt. Durch die Glaubwürdigkeit erhält die Führungskraft Anerkennung und Vertrauen von den Geführten. Mit dem Vorleben hoher Erwartungen und dem Zurückstellen persönlicher zum Wohle höherer Bedürfnisse strahlt die Führungskraft ein Verhalten aus, das die Geführten zur Nachahmung motiviert.

Inspirierende Motivation

Um die Bedeutung und Sinnhaftigkeit von Maßnahmen, Anweisungen und Anstrengungen den Geführten zu veranschaulichen, muss die transformationale Führungskraft eine interessante Vision bzw. einen Zielzustand überzeugend darlegen, mit denen sich alle identifizieren können. Dabei muss die Führungskraft im Alltag den Geführten Hoffnung und Zutrauen vermitteln, um so den Teamgeist zu aktivieren und aufrecht zu halten.

Intellektuelle Stimulation

Die Förderung von kreativen Ideen und die Ermutigung zum Aufbrechen von traditionellen Denkmustern sind ebenso Eigenschaften der transformationalen Führung. Die transformationale Führungskraft hinterfragt Meinungen und Voraussetzungen und stimuliert zu alternativen, unorthodoxen Wegen. Dabei spielt die Tolerierung von Fehlern und die Partizipation der Geführten eine wichtige Rolle, um ein innovatives Umfeld zu fördern.

Individuelle Wertschätzung

Die individuelle Führung der einzelnen Geführten sieht Bass als weitere Eigenschaft eines transformationalen Führers. Dabei hilft die Führungskraft den Geführten bei der Entfaltung der individuellen Leistungs- und Wachstumspotentiale. Die Erkennung und Förderung der individuellen Potentiale des Geführten ist somit eine der wichtigsten Aufgaben der transformationalen Führungskraft und steigert das Empowerment der Geführten.

Nach dem Full Range of Leadership ist das optimale Führungsverhalten dann gegeben, wenn die transformationale Führung die höchste Ausprägung hat und die bedingte Belohnung die zweitstärkste Ausprägung besitzt. Der Führungsstil Management by Exception aktiv sollte unterdurchschnittlich angewendet werden und das Management by Exception passiv sowie die Laissez Faire-Führung vermieden werden (Bass & Avolio, 1994, S. 5). Nachfolgend werden noch einmal die Führungsstile des Full Range of Leadership nach Effektivität und Aktivität in grafischer Form abgebildet.

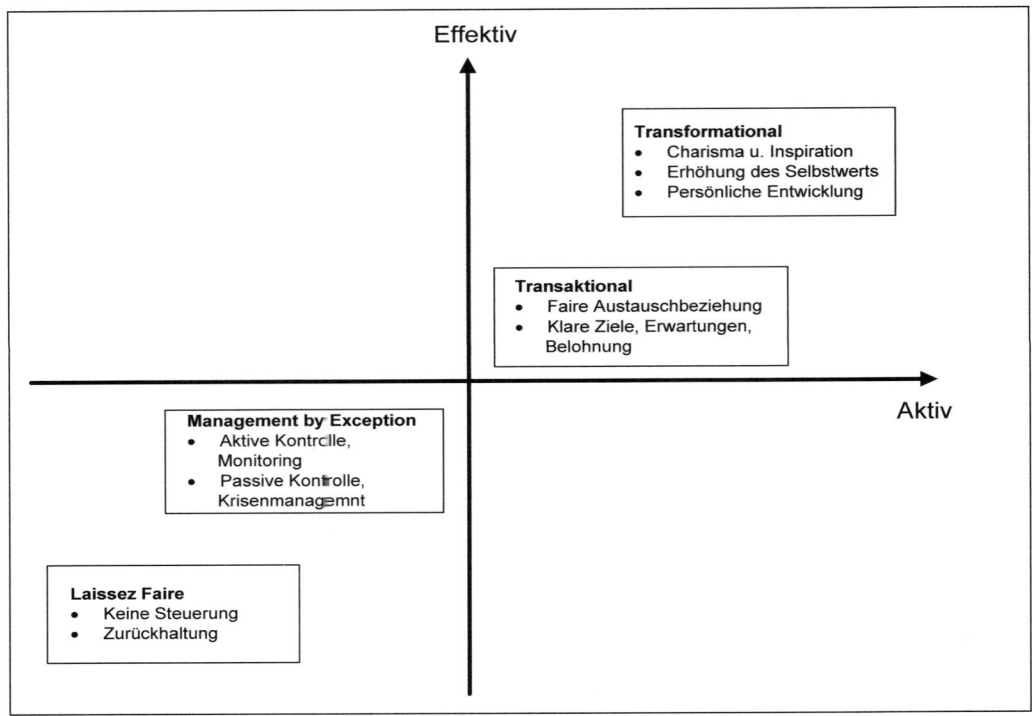

Abbildung 4: Full Range of Leadership (Bass & Avolio, 1994, S. 5)

Im nachfolgenden Unterkapitel werden die Anforderungen an transformationale Führung vorgestellt.

3.3.1 Anforderungen an transformationale Führungskräfte

Bennis und Nanus (1996, S. 279) haben die Anforderungen an transformationale Führungs-kräfte anhand von Interviews ermittelt. Die häufigsten Nennungen bei Anforderungen an transformationale Führung waren:

- Visionen aufzeigen, um Aufmerksamkeit zu erzeugen

- Kommunikation, um den Sinn der Aufgabe zu vermitteln

- Eigenen Standpunkt vertreten

- Geführte in ihrer Persönlichkeit entwickeln

In einer weiteren Studie von Tichy und Devanna (1995, S. 291-294) wurden mehrere bedeutende Führungskräfte befragt, welche Charakteristika transformationale Führungskräfte bei Veränderungen aufzeigen sollten. Dabei wurden transformationale Führungskräfte mit folgenden Merkmalen beschrieben: Change Agent, Menschen mit Mut, die an Menschen glauben und vertrauen, Führungskräfte die nach Werten handeln, Menschen, die lebenslang lernen, Menschen, die mit Ambiguität und Kognition umgehen können und Visionen versprühen (Felfe, 2005, S. 33).

3.3.2 Eigenschaften von transformationalen Führungskräften

Damit Führungskräfte den Anforderungen an transformationale Führung gerecht werden, ist eine Klassifizierung von Persönlichkeitseigenschaften, sogenannten Traits, hilfreich. Zur genannten Klassifizierung hat sich das Fünf-Faktoren-Modell in der Wissenschaft bewährt. Grundlage dieses Modells sind die fünf Persönlichkeitseigenschaften: Extraversion, Neurotizismus (Gegenpol: Emotionale Stabilität), Verträglichkeit, Gewissenhaftigkeit und Offenheit für Erfahrungen. Jeder dieser fünf Traits hat eigene Subskalen, die die übergeordneten Traits genauer spezifizieren (Schuler, 2006, S. 528). Im Kontext der transformationalen Führung eröffnet das Fünf-Faktoren-Modell eine Klassifizierung hinsichtlich charismatischer und transformationaler Führungskräfte nach ihren Persönlichkeitseigenschaften (Dörr, 2009, S. 48). In einer Meta-Analyse haben Judge und Bono (2004, S. 921) die Traits des Fünf-Faktoren-Modells mit den vier I´s der transformationalen Führung sowie den Dimensionen der transaktionalen Führung *Bedingte Belohnung*, *Management by Exception aktiv* und *Laissez Faire-Führung* im Zusammenhang untersucht. Dabei lag die stärkste Korrelation zwischen dem Trait Extraversion und den vier I´s der transformationalen Führung, das sich schlüssig durch die Eigenschaften (Herzlichkeit, Geselligkeit und Durchsetzungsfähigkeit) des Traits erklärt. In Bezug auf den Neurotizismus haben die Autoren einen negativen Zusammenhang festgestellt. Hier ist der Trait mit seinen Eigenschaften (Depression, Verletzlichkeit und Ängstlichkeit) die ausschlaggebende Variable für das Ergebnis. Der Trait Offenheit für Erfahrungen steht auch im positiven Zusammenhang mit der transformationalen Führung, insbesondere mit den I´s *intellektuelle Stimulation* und *inspirierende Motivation*. Ebenfalls in einem positiven Zusammenhang mit der transformationalen Führung steht der Trait Verträglichkeit, das eine positive Passung zum I *Individuelle Wertschätzung* hat. Der fünfte Trait Gewissenhaftigkeit mit seinen Eigenschaften (Pflichtbewusstsein, Selbstdisziplin und Ordnungsliebe) korreliert positiv insbesondere mit der bedingte Belohnung und dem

Management by Exception aktiv. Dies drückt sich u. a. durch das Einhalten und Nachhalten von Zielen aus, das sich mit den Eigenschaften des Traits gut erklären lässt (Judge & Bono, 2004, S. 901-910). Neuere Studien zu diesem Thema relativieren die Erkenntnisse von Judge und Bono. So haben Lim und Ployhart (2004, S. 610-621) in ihren Untersuchungen feststellen können, dass zum Trait Verträglichkeit eine negative Korrelation zur transformationalen Führung besteht. Auch konnten Sie den Trait Emotionale Stabilität als Vorhersagefaktor für transformationale Führung ausmachen. Ferner konnten Judge und Bono in ihrer Meta-Analyse keine robusten positiven Zusammenhänge mehr zwischen den Traits Gewissenhaftigkeit, Verträglichkeit, Offenheit und transformationaler Führung belegen. Hinsichtlich der transaktionalen Führung waren die Ergebnisse ähnlich, weshalb die Autoren für eine weitere Spezifizierung des Fünf-Faktoren-Modells plädieren, dass z. B. Subskalen wie Dominanz, Leistungsstreben und Geselligkeit berücksichtigt (Dörr, 2009, S. 49).

Ein weiterer Ansatz zur Einschätzung zu Führungskräften, aber auch von Geführten, stellt die implizite Führungstheorie dar. Hier werden detaillierte Eigenschaften und Verhaltensweisen von Führungskräften beobachtet und erwartet. Die Erwartung der Beobachter (Geführte) resultiert aus dem Selbstverständnis (Rollenverständnis) an eine Führungskraft. Kombiniert mit der Übernahme von Beschreibungen wie Führungskräfte sein sollten, stellt die Struktur der impliziten Führungstheorie eine Orientierungshilfe für Führungskräfte und Geführte dar (Schwennen, 2008, S. 37). In Bezug auf die Klassifizierung von Führungskräften haben Lord, Foti und De Vader (2007, S. 189-204) folgende Merkmale identifiziert: zielorientiert, intelligent, entschlossen, verantwortungsbewusst, Alter, Geschlecht und Maskulinität. Die Studie belegte auch den Zusammenhang zwischen Wahrnehmung der Führungskraft und dem Führungserfolg (Felfe, 2005, S. 117).

Eine weitere implizite Führungstheorie ist das Konzept Romance of Leadership von Meindl, Ehrlich und Dukerich (2009, S. 362-388). In den Untersuchungen zu diesem Ansatz wurde festgestellt, dass der Unternehmenserfolg in keiner festen Relation mit einzelnen Führungskräften zusammenhängt. Mitarbeiter bewerteten den Einfluss der Führungskräfte bei bedeutenden Erfolgen oder Misserfolgen als hoch. Bei moderaten Ergebnissen wurde jedoch kein besonderer Einfluss der Führungskraft von den Mitarbeitern gesehen. In weiteren Untersuchungen konnte belegt werden, dass in wirtschaftlich unsicheren Zeiten das Thema Führung stärker im Fokus steht als in wirtschaftlich stabilen Zeiten. Meindl et al. (2009, S. 362-388) umschrieben diesen Effekt mit einer Romantisierung der Führung. Da Geführte den Zusammenhang zwischen Unternehmenserfolg und Führungserfolg nicht strukturell erkennen und einschätzen können, versprechen sie sich von der Führung Einfachheit, Sicherheit und Sinnhaftigkeit. Felfe und Scheyns (2008, S. 301-310) konnten in einer Untersuchung zu diesem Konzept bei Mitarbeitern eine stärkere Wahrnehmung von transformationaler Führung aufzeigen.

3.3.3 Eigenschaften der Geführten

Neben den Eigenschaften der Führungskraft ist es ebenso hilfreich die notwendigen Eigenschaften der Mitarbeiter zu kennen, um die Mitarbeiter erfolgreich auf die organisationalen Ziele zu transformieren.

Auf die Frage welche Geführten eher mit transformationalen Führungskräften sympathisieren, gibt die Forschung differenzierte Antworten. Klein und House (1995, S. 188) unterscheiden hinsichtlich der Eigenschaften der Geführten in eine Komplementaritätshypothese und eine Ähnlichkeitshypothese. Die Komplementaritätshypothese sieht Personen zu transformationalen Führungskräften hingezogen, die Eigenschaften wie Unsicherheit und geringes Selbstwertgefühl aufweisen. Diese Personen sympathisieren deshalb mit transformationalen Führern, da sie glauben, ihre eigenen Mängel durch die Eigenschaften der Führungskraft ausgleichen zu können (Klein & House, 1995, S. 189). Konkrete Eigenschaften in dieser Richtung nennt auch Yukl (1999) wie folgt: Unsicherheit, Besorgtheit über physische und wirtschaftliche Sicherheit sowie über ein gering ausgeprägtes Selbstwertgefühl. Eine gegenteilige Annahme geht von Personen mit einem hohen Selbstwertgefühl aus, die ihre Führungskräfte nicht charismatisch oder transformational sehen und eher dazu neigen, eine kritische Haltung gegenüber ihrer Führungskraft einzunehmen. Die Ähnlichkeitshypothese basiert auf der Annahme, dass Geführte Führungskräfte positiv ansehen, wenn sie die gleichen Werte und Eigenschaften aufweisen, wie die eigenen. Shamir et al. (1993, S. 577-594) wie auch Keller (2006, S. 205-207) konnten in ihren Untersuchungen feststellen, dass die Ursache für dieses Verhalten maßgeblich in dem Zusammenhang zwischen Ähnlichkeit und Attraktivität sowie in der Bestätigung des Selbstkonzeptes zu sehen sind. Hinsichtlich des Zusammenhangs zwischen Ähnlichkeit und Attraktivität lässt sich vor allem eine positive Zusammenarbeit in der täglichen Arbeit ableiten (Keller, 2006, S. 205-207). Einschränkend zu den o. g. Hypothesen ist anzumerken, dass beide Hypothesen von unterschiedlichen Machtmotiven der Führungskraft ausgehen. Der ersten Hypothese folgt eher ein sozialisiert orientiertes Machtmotiv, das die Steigerung des Selbstwertgefühls der Geführten positiv beeinflussen möchte. Bei der Ähnlichkeitshypothese kann von einem persönlichen Machtmotiv ausgegangen werden, dass durch die Dominanz der Führungskraft einen gegenteiligen Effekt hinsichtlich der Steigerung des Selbstwerts der Geführten bewirkt.

Aufgrund der wechselseitigen Beeinflussung impliziter Führungstheorien bei Geführten und Führungskräften ist auch dieser Ansatz bei den Eigenschaften der Führungskräfte zu erwähnen. Die Studie von Keller (2006, S. 209) zeigte, dass implizite Führungstheorien deutlich mit den Fünf-Faktoren-Modell korrelieren. Felfe und Scheyns (2008, S. 124) konnten insbesondere nachweisen, dass Geführte mit einem Hang zur Extraversion Führungskräfte transformationaler wahrnehmen. Dies liegt u. a. an dem Selbstverständnis der Geführten, wie sie sich Führung vorstellen, dass wiederum Einfluss auf die Persönlichkeitsmerkmale (hier Extraversion) der Führungskraft hat wie z. B.: gesprächig, bestimmt, aktiv, einfallsreich, enthusiastisch, intellektuell und weise. In einer weiteren Studie, die der Ähnlichkeitshypothese folgt, konnte nachgewiesen werden, dass Geführte, die über die Persönlichkeitsmerkmale Verträglichkeit, Selbstwirksamkeit und verbale Intelligenz verfügen, ebenfalls ihre Führungskräfte als deutlich transformationaler einschätzen.

3.3.4 Effekte transformationaler Führung

Die transformationale Führung bewirkt nach Bass und Riggio (2006, S. 50) eine erhöhte Motivations- und Leistungssteigerung der Geführten, die in unterschiedlicher Weise erzeugt werden kann. Wie in dem Unterkapitel 3.3 beschrieben, kann die Führungskraft den Geführten die Bedeutung und den Wert des Ziels vor Augen führen. Dadurch bewirkt die Führungskraft, dass die Bedürfnisse der Geführten hinter dem Organisationsziel stehen und somit das Bedürfnisniveau der Geführten auf ein höheres Niveau gehoben wird. Im Vergleich zur bedingte Belohnung (transaktionaler Führungsstil) bewirkt die transformationale Führung eine höhere Leistungssteigerung, was Bass und Riggio (2006, S. 50) Augmentationseffekt nennen. Die Wirkung transformationaler Führung drückt sich ebenso positiv in der Zufriedenheit und Loyalität der Mitarbeiter zur Führungskraft aus, was ebenso in einer verbesserten Evaluierung der Führungskraft mündet. Die Weiterentwicklung der Geführten und die Steigerung des Organizational Citizenship Behavior sowie eine hohe intrinsische Motivation der Geführten sind ebenfalls empirisch belegt (Seltzer & Bass, 1990, S. 693-703). Durch die „Opferbereitschaft" der Geführten hinsichtlich der eigenen Bedürfnisse zur Fokussierung auf das Organisationsziel wird die Gesamtleistung der Organisation gesteigert. Daneben wird die Fluktuationsbereitschaft der Geführten gesenkt, welche ursächlich durch ein reduziertes

Stresserlebnis am Arbeitsplatz begründet ist. Es ist daher nicht verwunderlich, dass transformational geführte Unternehmen erfolgreicher beim Recruiting und der Organisationsentwicklung sind als transaktional geführte Unternehmen (Seltzer, Numerof & Bass, 1989, S. 174-18).

In einer Meta-Analyse wurden die Mitarbeiterleistung sowie die Mitarbeiterzufriedenheit untersucht. Insbesondere interne Erfolgskriterien wie Zufriedenheit mit der Führungskraft und Führungseffektivität spielten hier eine zentrale Rolle. Untersucht wurde in diesem Kontext auch externe Erfolgskriterien wie die Zielerreichung und die Entwicklung von Umsätzen, die hohe positive Korrelationen mit der transformationalen Führung aufwiesen (Judge & Piccolo, 2004, S. 755-768). Als empirische Befunde dienten nicht nur US-Unternehmen und Nonprofit-Organisationen, sondern auch Organisationen in Asien, Russland und in Europa (Seltzer & Bass, 1990, S. 693-703). Geyer und Steyrer (1998, S. 369) konnten in ihrer Untersuchung bei österreichischen Banken nachweisen, dass transformationale Führungskräfte eine deutlich höhere Kundenzufriedenheit erzielten als transaktionale Führungskräfte.

Ein weiterer Effekt von transformationaler Führung ist die Generierung und Verbreitung von Wissen der Mitarbeiter. Transformationale Führungskräfte sind dabei effektiver als transaktionale Führungskräfte wenn es darum geht, vorhandenes Wissen von kleinen Gruppen auf organisationaler Ebene zu verbreiten. Maßgeblich verantwortlich für diesen Effekt sind die vier I's der transformationalen Führung (Bass, 2008, S. 638-640). Diese letztgenannten Effekte sind gerade bei innovativen Unternehmen von zentraler Bedeutung. So konnte in einer Studie in Deutschland nachgewiesen werden, dass transformationale Führungskräfte im Bereich Forschung & Entwicklung höhere Innovationsleistungen generierten, als Führungskräfte mit einem aktiven Management by Exception Führungsstil (Rank, Nelson, Allen & Xu, 2003, S. 465-485).

3.3.5 Messung von transformationaler Führung

Um die Erfolgswirksamkeit von transaktionaler und transformationaler Führung messen zu können, haben Bass und Avolio (1995) ein faktoranalytisches Erhebungsinstrument entwickelt den Multifactor Leadership Questionaire (nachfolgend MLQ). Dabei wurde dieses Erhebungsinstrument so konstruiert, dass Mitarbeiter ihre Führungskräfte einschätzen sollen. Der MLQ bildet die Führungsstile des Full Range of Leadership ab. Die Fragen unterscheiden demnach zwischen transaktionaler und transformationaler Führung sowie dem Laissez Faire-

Führungsstil. Die Ausdifferenzierung der Führungsstile erfolgt über Subdimensionen. Diese Dimensionen drücken die vier I's der transformationalen Führung, zwei Dimensionen der transaktionalen Führung (Bedingte Belohnung und Management by Exception aktiv/passiv) und der Nicht-Führung, dem Laissez Faire Stil, aus. Die letzte Dimension enthält Skalen, die auf die Führungszufriedenheit mit der Führungskraft eingehen und damit die Emotionalität mit der Führungskraft wiedergibt. Ferner enthalten diese Dimensionen Skalen zur Führungseffizienz, um die Umsetzung von Zielen innerhalb der Organisation zu messen. Dabei wird eine fünfstufige Likert-Skalierung verwendet (Geyer & Steyrer, 1998, S. 378).

Die Entwicklung des MLQ beruhte auf einer Studie von Bass (1985), bei denen die Befragten (Manager und Marineoffiziere) beschreiben sollten, wie sie charismatische und transformationale Personen in ihrer Laufbahn erlebten bzw. wahrgenommen haben. Die Beschreibungen dienten als Grundlage für die Entwicklung der Item-Formulierung und der Faktorenstruktur nach transformationaler, transaktionaler sowie aktiver und passiver Führung (Riedelbauch, S. 2011, S. 25). In der ersten Fassung des MLQ wurde die Skala Charisma noch separat aufgeführt. Bass gaben diesen Umstand in einer nächsten Fassung auf und ordnete diese Skala der transformationalen Skala *Idealized Influence* zu. In einer Verbesserten Version MLQ 5x konnten Bass und Avolio die Schwächen des Erhebungsinstruments reduzieren. Als hartnäckigste Kritik des MLQ erwies sich die mangelnde Unterscheidung zwischen transformationalen und transaktionalen Skalen, insbesondere zur Skala *bedingte Belohnung* bestand eine hohe Korrelation zu den vier I's der transformationalen Führung (Geyer & Steyrer, 1998, S. 395). In der Version 5x konnten Bass und Avolio durch das Herausziehen der übergeordneten Faktoren Charisma, Intellectual Stimulation und Inspirational Leadership zu einem Faktor Core transformational Leadership vereinen. Ebenso wurden die Skalen *Contingent Rewarding* und *Management by Exception aktiv* als Core transactional Leadership zusammengeführt. Als weitere Erkenntnis zeigte sich, dass das Management by Exception passiv bei den Befragungen vornehmlich als Nicht-Führung angesehen wurde. Durch diese Veränderung der Faktorenstruktur konnte die Interkorrelation reduziert und diskriminative Validität erhöht werden (Riedelbauch, S. 2011, S. 26). Eine weitere Entwicklung des MLQ Form 5x ist die Vereinheitlichung der Skalen zur charismatischen Führung hinsichtlich der Fokussierung auf verhaltensbezogene Items. Das veränderte Gesamtmodell des MLQ 5x zeigt nun folgende faktionelle Zuordnungen (Felfe, 2005, S.52-53):

- Transformationale Führung (Idealized Influence attributed, Idealized Influence behavior, Inspirational Motivation, Intellectual Stimulation und Individual Consideration)

- Transaktionale Führung (Contingent Reward und Management by Exception aktiv)

- Nicht-Führung (Management by Exception passiv und Laissez Faire)

Die deutsche Version des MLQ Form 5x Short wurde von Felfe und Goihl auf Basis der Erkenntnisse aus Interviews aus einer Studie mit 3.500 Befragten angepasst. Hieraus wurden zusätzlich Items charismatischer Führung aufgenommen. Ferner wurden Skalen zum Laissez Faire-Führungsstil nun positiv formuliert, die ursprünglich negativ verklausuliert waren (Felfe, 2005, S. 55). Nachfolgend wird noch einmal die Struktur der deutschen Version des MLQ Form 5x Short abgebildet:

Skala	Führungsstil	Subdimension	Die Person, die ich einschätze,...
IIa	Transformational	Idealized Influence attribution	handelt in einer Weise, die bei mir Respekt erzeugt. strahlt Stärke und Vertrauen aus. macht ich stolz darauf, mit ihr zu tun zu haben.
IIb	Transformational	Idealized Influence behavior	berücksichtigt die moralischen und ethischen Konsequenzen von Entscheidungen spricht mit anderen über ihre wichtigsten Überzeugungen und Werte
IM	Transformational	Inspirational Motivation	formuliert eine überzeugende Zukunftsvision. spricht mit Begeisterung über das, was erreicht werden soll.
IS	Transformational	Intellectual Stimulation	überprüft stets aufs neue, ob zentrale/wichtige Annahmen noch angemessen sind. sucht bei der Lösung von Problemen nach unterschiedlichen Perspektiven
IC	Transformational	Individualized Consideration	erkennt meine individuellen Bedürfnisse, Fähigkeiten und Ziele. hilft mir, meine Stärken auszubauen.
Cha	Transformational	Charisma	ist für mich so wichtig, dass ich den Kontakt zu ihr/pflege. vermag mich durch Ihre Persönlichkeit zu beeindrucken und zu faszinieren.
CR	Transaktional	Contingent Reward	spricht klar aus, was man erwarten kann, wenn die gesteckten Ziele erreicht worden sind. macht deutlich, wer für bestimmte Leistungen verantwortlich ist.
MBEa	Transaktional	Management by Exception acitve	kümmert sich in erster Linie um Fehler und Beschwerden. verfolgt alle Fehler konsequent.
MBEp	Transaktional	Management by Exception passiv	versäumt es, sich um die Probleme zu kümmern, bis sie wirklich ernst geworden sind. wartet bis etwas schief gegangen ist, bevor sie etwas unternimmt.
LF (-)	Laissez-Fair	Vermeidung / Verweigerung von Führung	klärt wichtige Fragen sofort. trifft schnell und ohne zu Zögern ihre Entscheidungen.
SAT	Satisfaction with Leader	Interne Erfolgskriterien	sorgt durch ihr Führungsverhalten für Zufriedenheit gestaltet die Zusammenarbeit so, dass ich wirklich zufrieden bin.
EEF	Extra Effort	Interne Erfolgskriterien	bringt mich dazu, mehr zu schaffen als ich ursprünglich erwartet habe. erhöht meine Bereitschaft, mich stärker anzustrengen.
EFF	Effiency	Interne Erfolgskriterien	setzt sich effektiv für meine (beruflichen) Bedürfnisse und Interessen ein. kann eine Gruppe effektiv führen.

Abbildung 5: Deutsche Version des MLQ 5x Short (Felfe, 2005, S. 55)

Der Vollständigkeit halber ist an dieser Stelle der TLI Fragebogen zu erwähnen, der ebenfalls für die Messung transformationaler und transaktionaler Führung entwickelt wurde. Da in dieser Untersuchung der MLQ (Form 5x Short) aufgrund höherer Reliabilitätswerte zur Anwendung kommt, wird auf eine tiefergehende Betrachtung des TLI Fragebogens verzichtet.

3.3.6 Kritische Würdigung der transformationalen Führung

Neben den dargelegten Vorteilen der transformationalen Führung gibt es auch einige Kritikpunkte an den Führungsstil. Eine kritische Facette der transformationalen/charismatischen Führung ist die Heroisierung der Führungskraft. Durch die gewollte Nähe der Mitarbeiter zur Führungskraft besteht die Gefahr, insbesondere in geschlossenen Gesellschaften, dass Dogmen und Ideologien abgleiten können, was in einer starken Abhängigkeit zwischen Führer-Geführten-Beziehung münden kann (Gebert, 2002, S. 221).

Andere Kritikpunkte liegen in der intransparenten Durchführung. So kritisiert Yukl (1999, S. 288) die nicht untersuchte und fehlende Betrachtung der Einflussnahme in Bezug auf die Durchführung.

Weitere Schwachstellen ergeben sich mit der hohen Interkorrelation der Subskalen von transformationaler Führung (Tartler, Liepmann und Felfe, 2005, S. 182). Aufgrund von Überschneidungen und nicht gleichen Inhalten sind Abgrenzungen und eindeutige Identifizierungen von transformationalen Verhaltensweisen kaum möglich. Diese Schwäche zeigt auch die Angreifbarkeit des MLQ, da skizziertes Problem der Abgrenzung nicht faktoranalytisch abgebildet werden kann (Yukl, 1999, S. 288). Die Problematik der Abgrenzung findet sich auch in der nicht eindeutigen Unterscheidung der transformationalen Skalen und der transaktionalen Skala *bedingte Belohnung*. Die Bedeutung dieses Problems ist im Vergleich zu den anderen Sachverhalten dahingehend höher einzustufen, da es einen zentralen Aspekt des Full Range of Leaderships in Frage stellt, nämlich die Unterscheidung von transformationaler und transaktionaler Führung (Judge & Piccolo, 2004, S. 755).

Weitere Kritikpunkte sind in der fehlenden Auseinandersetzung mit situativen Bedingungen und welche Effekte transformationale Führung beigetragen haben (Yukl, 1999, S. 289), wie auch die fehlende Auseinandersetzung mit negativen Effekten auf Innovationen (Gebert, 2002, S. 221-223).

Mit der kritischen Würdigung wird das Thema Führung abgeschlossen und es folgt die Darstellung des organisationalen Commitments als moderierende Variable zwischen der transformationalen Führung und der Innovationsbereitschaft.

4 Organisationales Commitment

Wie in Kapitel 1 einleitend beschrieben gehen Innovationen auf veränderte Rahmenbedingungen zurück. Diese Innovationen müssen in Unternehmen vorangetrieben werden, um wettbewerbsfähig zu bleiben. Dies bedingt wiederum organisationale Anpassungen, die insbesondere von Mitarbeitern umgesetzt werden, die eine hohe Verbundenheit mit ihrem Unternehmen haben und somit bereit sind, Leistungen abzurufen, die über das Geforderte hinausgehen (Felfe, 2005, S. 99). Einen wichtigen Teilaspekt nimmt hier das organisationale Commitment ein. Insbesondere das affektive Commitment ist maßgeblich von Bedeutung, um gewünschte Veränderungen voranzutreiben und Innovationen zu kreieren, wie empirische Untersuchungen belegen (Herz, Beck & Felfe, 2009, S. 118). Zugleich besteht durch die Veränderungen ein Dilemma für das organisationale Commitment. Aspekte wie Änderung der Beschäftigungsform, Standortwechsel und Stellenabbau sind für Mitarbeiter belastende Umstände, die die emotionale Verbundenheit und Identifikation mit dem Unternehmen belasten (Conger, Kanungo & Menon, 2000, S. 747-767). In den folgenden Unterkapiteln wird die Unterscheidung von Commitment und Identifikation, die Foki von Commitment sowie das Drei-Komponenten-Modell von Meyer und Allen (1991, S. 61-89) sowie die Messung und Identifizierung vom Commitment vorgestellt.

4.1 Unterscheidung von Commitment und Identifikation

Die Forschung beschäftigt sich bereits seit über 30 Jahren mit dem Commitment und der freiwilligen, nichtvertraglichen Bindung von Mitarbeitern an das Unternehmen (Süß, 2008, S. 149-172). Das organisationale Commitment drückt aus, mit welcher Intensität Menschen sich einer Organisation zugehörig und verbunden fühlen (van Dick, 2004, S. 5). Meyer und Allen definieren organisationales Commitment als „[…]psychological state that binds the individual to the organization[…]" (Meyer & Allen, 1990, S. 14). In diesem Zusammenhang besteht auch eine hohe Übereinstimmung mit der organisationalen Identifikation. Dabei versteht sich die organisationale Identifikation als umfassende Bindung an die Organisation, aus der sich idealerweise ein Gefühl entwickelt (z. B. Stolz oder Zufriedenheit), welches sich ebenso in ihrem Verhalten wiederspiegelt. Die Identität aus sozialpsychologischer Sicht setzt sich aus Zielen wie z. B. Karriere oder Attraktivität des Arbeitgebers sowie aus kognitiven, affektiven und verhaltensbezogenen Dimensionen zusammen (van Dick, 2004, S. 2-3). Die Basis für das

Verhalten und die Einstellungen, bezogen auf die Arbeit, ist die Identität. Damit stellt diese organisationale Identifikation eine zentrale Bedeutung für Menschen in ihrem (Arbeits-)Leben dar (Mael & Ashforth, 2007, S. 114-135).

Die Begriffe Commitment und Identifikation werden, wie bereits erwähnt, häufig gleich verwendet, weshalb an dieser Stelle noch einmal eine genauere Unterscheidung der beiden Begriffe vorgenommen wird.

Die Abgrenzung von Commitment zur Identifikation besteht nach Knippenberg in der kognitiven Perspektive der Identifikation. Bei der Identifikation definiert sich ein Mitglied in der Gruppe durch die Bewertung seiner eigenen Person in Relation zur Gruppe (Herz, Beck & Felfe, 2009, S. 135). Beim Commitment wird vorwiegend die gefühlsmäßige Einstellung gegenüber der Organisation ausgedrückt (van Knippenberg & van Shie, 2000, S. 137-147). Des Weiteren reift die organisationale Identifikation durch wahrgenommene Ähnlichkeiten und gleiche Ansichten der Gruppenmitglieder. Commitment dagegen entsteht durch die Attraktivität des Jobs, d. h. wie spannend und wertvoll die Tätigkeit angesehen wird. Auch Merkmale wie gutes Betriebsklima, Autonomie, Vielfältigkeit etc. gehören hierzu. Der materielle Aspekt (Gehalt, Dienstwagen, Laptop etc.), den ein Mitarbeiter vom Unternehmen erhält, ist ebenfalls maßgeblich für die Entstehung von Commitment (van Dick, 2004, S. 4).

Letztlich unterscheiden sich Commitment und Identifikation auch durch ihre jeweilige Stabilität. Commitment wird als stabil angesehen. Dies gilt positiv wie negativ. Ein positiv gefestigtes Commitment kann eine Krise, z.B. Stellenabbau, relativ schadlos überdauern oder ggf. nur marginal absinken lassen. Ebenso kann ein negativ behaftetes Commitment nur sehr langsam in ein positives Commitment verändert werden (Felfe, 2005, S. 173). Bei der Identifikation kann sich die Ausprägung kontextbezogen schnell verändern. So ist es z. B. innerhalb eines Tages möglich, dass Teammitglieder ihre Identifikation zur Abteilung als neutral wahrnehmen und Stunden später eine positive Identifikation verspüren. Anzumerken ist ferner, dass insbesondere das affektive Commitment und die Identifikation große Schnitt-mengen haben (van Dick, 2004, S. 4).

4.2 Drei-Komponenten-Modell

Das bekannteste Konzept zum organisationalen Commitment wurde von Meyer und Allen (1990, S. 1-18) entwickelt. Ihr Konzept geht auf die Forschungsansätze von Mowday, Porter und Steers (1979, S. 224-227) zurück, welche die Entstehung von Commitment grundsätzlich in folgende drei Bestandteile untergliedern:

- Hoher Zusammenhang mit den Werten und Zielen der Organisation

- Mitarbeiter sind bereit, sich über das geforderte Maß einzusetzen,

- Mitglieder der Organisation wollen ein Teil der Organisation bleiben.

Meyer und Allen (1990, S. 1-18) unterscheiden in ihrem Drei-Komponenten-Modell nach affektivem, normativem und kalkulatorischem Commitment.

Affektives Commitment

Die erste Komponente ist das affektive Commitment (AC). Bei diesem Commitment haben die Mitarbeiter eine hohe emotionale Bindung zur Organisation. Dies drückt sich dadurch aus, dass die Mitglieder sich als Teil der Familie sehen und die Mitgliedschaft einen hohen persönlichen Stellenwert in ihrem Leben einnimmt (van Dick, 2004, S. 3).

Normatives Commitment

Normatives Commitment beschreibt das Motiv, bei dem die Verbundenheit mit der Organisation durch eine moralisch-ethische Emotion hervorgerufen wird. Ein Teammitglied fühlt sich seinem Unternehmen verbunden (van Dick, 2004, S. 3), weil es z. B. das berufsbegleitende Studium finanziert hat.

Kalkulatorisches Commitment

Bei dieser Komponente ist die Verbundenheit mit den Kosten begründet, die für einen Mitarbeiter entstehen, wenn er das Unternehmen verlassen würde. Diese Kosten können erreichter Status, Position oder ein Büro in der Innenstadt sein, die ein Mitarbeiter zunächst verlieren könnte, wenn er bei seinem Arbeitgeber kündigt (van Dick, 2004, S. 4).

Die Autoren betonen, dass die drei Komponenten der organisationalen Bindung zugleich und in unterschiedlicher Intensität auftreten. Durch ein aktives Commitment-Management der Führungskräfte können Risiken reduziert werden, wenn sich z. B. Mitarbeiter aufgrund von kalkulatorischem Commitment verbunden fühlen und tendenziell stärkere Abwanderungsge-danken haben. So kann die Führungskraft durch Veränderungen im Aufgabenbereich den Mitarbeiter wieder stärker affektiv an das Unternehmen binden (Felfe, 2005, S. 173).

4.3   Foci von Commitment

Das Gefühl der Bindung eines Mitarbeiters gegenüber seiner Organisation bzw. seinem Unter-nehmen ist lediglich ein Fokus des Commitments. Die Forschung hat neben diesem Fokus weitere Foci identifiziert. So ist empirisch belegt, dass sich weitere Foci von Commitment wie Beruf, Team, Karriere, direkte Führungskraft und Beschäftigungsform ebenfalls nach affektivem, normativem und kalkulatorischem Commitment unterscheiden lassen. Ergebnisse zum Fokus Team und dem affektiven Commitment zeigen eine höhere Ausprägung der Mittelwerte im Vergleich zum Unternehmen (Riketta & van Dick, 2005, S. 490-510).

4.4   Messung von organisationalem Commitment

Für die Messung von affektivem, normativem und kalkulatorischem Commitment hat sich der COBB-Fragebogen von Felfe, Six, Schmook und Knorz (2002) in der Praxis bewährt. Grundlage des Fragebogens ist das Drei-Komponenten-Modell von Meyer und Allen. Die multiplen Foci der Items liegen auf den Dimensionen Organisation, Vorgesetzter und Be-schäftigungsform. In zahlreichen Untersuchungen mit diesem Fragebogen haben sich solide Reliabilitätswerte ergeben (Herz, Beck & Felfe, 2009, S. 111). Insgesamt beinhaltet der Fragebogen 14 Items (Felfe, 2005, S. 236).

4.5   Effekte organisationalem Commitment

Erstrangiges Ziel des organisationalen Commitments ist der Erhalt von Mitarbeitern im Unternehmen. Wie in Kapitel 4.1. beschrieben, bewirkt das organisationale Commitment ein bestimmtes Verhalten des Mitarbeiters. Dabei kann zwischen direktem und indirektem zielbeeinflussenden Verhalten unterschieden werden. Beim direkten zielbestimmten Verhal-ten ist der Mitarbeiter mit einem konkreten Bezug zum Commitment verbunden. Beim indirekten zielbestimmten Verhalten besteht kein konkreter Bezug zum Commitment (Rim-bach, 2011, S. 18). Bezogen auf den Verbleib von Mitarbeitern im Unternehmen, welches hier ein direktes zielbestimmtes Verhalten darstellt, besteht ein hoher Zusammenhang zum affektiven Commitment. Das indirekte zielbestimmte Verhalten ist jedoch ebenfalls ein Aspekt beim Verbleib eines Mitarbeiters im Unternehmen. So sind indirekte Faktoren wie z. B. Arbeitspensum und geringe Fehlzeiten ebenfalls Bedingungen für den Verbleib von Mitarbeitern. Untersuchungen haben gezeigt, dass vor allem das affektive Commitment maßgeblich positiv beeinflussend ist. Das normative Commitment spielt in diesem Kontext keine signifikante Rolle, während das kalkulatorische Commitment sich negativ auf den Verbleib eines Mitarbeiters auswirkt (Rimbach, 2011, S. 19). Die höchsten positiven Effekte hat das affektive Commitment. Hier zeigen die Mitarbeiter neben dem angestrebten Verbleib im Unternehmen auch die höchsten Leistungen (van Dick, 2004, S. 14).

Weitere zusammenhängende Effekte von Commitment bestehen zum Organizational Citizenship Behavior (nachfolgend OCB). Kern des OCB, auch als psychologischer Vertrag bekannt, sind die Erwartungen und Verpflichtungen von Arbeitgebern und Arbeitnehmern, die über die Arbeitsverträge hinausgehen (Dabos & Rousseau, 2004, S. 50-72). Untersuchungen zu OCB und Commitment haben gezeigt, dass Mitarbeiter mit affektivem oder normativem Commitment positiv mit einem Job Involvement korrelieren. Begründet wird dieser positive Einfluss dadurch, dass Mitarbeiter Mehrarbeit als normal wahrnehmen, da sie diese zusätzliche Leistungserbringung als Motivation oder als Verpflichtung ansehen (Morrison, 1994, S.1543-1567). Zusammenfassend lässt sich feststellen, dass Mitarbeiter mit affektivem Commitment höhere Leistungen zeigen und stärker am Verbleib im Unternehmen interessiert sind als Mitarbeiter mit anderen Commitmentarten (van Dick, 2004, S. 12).

Nachfolgend wird noch einmal ein Überblick von Einflussfaktoren und Wirkungen des organisationalen Commitments gegeben, die in unterschiedlichen Studien untersucht wurden.

| | Skala / Messinstrument | | | | | | | | | | | | | |
| | Organisationscommitment OCQ | | | | | affektiv OAC | | | kalkulatorisch OCC | | | normativ ONC | | |
	a	b	c	d	e	a	b	c	a	b	c	a	b	c
Studien mit Messinstrument	461	7	–	178	103	226	144	–	190	102	–	76	61	–
Studien gesamt für Skala	991	–	–	–	132	311	–	40	204	–	40	91	–	40
Reliabilität (Cronbach Alpha)	.85	.90	–	k.A.	.87	.83	.82	.85	.77	.76	.79	.76	.73	.73
Korrelationen:														
OAC	–	.88	.80	–	–	–	–	–	.13	.05	–	.64	.63	–
OCC	–	-.02	.02	–	–	–	–	–	–	–	–	.19	.18	–
ONC	–	.50	.46	–	–	–	–	–	–	–	–	–	–	–
Einflussfaktoren														
Unterstützung des Unternehmens	–	–	–	–	.31	–	.54	.52	–	-.13	-.08	–	.37	.30
Fördernde Arbeitsinhalte	–	–	–	–	.29	–	–	.50	–	–	-.14	–	–	.25
Gerechtigkeit und Fairness	–	–	–	–	–	–	.43	.38	–	-.12	-.06	–	.38	.13
Beschäftigungsalternativen	–	–	–	–	-.09	–	-.07	.00	–	-.21	-.23	–	-.08	-.05
organisationsspezifisches Wissen	–	–	–	–	–	–	–	.11	–	–	.25	–	–	.10
Selbstwirksamkeit	–	–	–	–	.63	–	.11	–	–	k.A.	–	–	k.A.	–
Korrelate														
Job Involvement	.52	–	–	–	.44	.50	.53	.42	.15	.03	.07	.52	.40	.36
Work Involvement	.42	–	–	–	–	.51	–	–	.07	–	–	.44	–	–
Arbeitszufriedenheit	.59	–	–	.70	.53	.60	.65	.60	.12	-.07	-.07	.36	.31	.23
Wirkungen														
Arbeitsleistung (Job Performance)	.17	–	–	–	.14	.27	.16	(+)	-.12	-.07	(-)	.08	.06	k.A.
Kündigungsabsichten	-.57	–	–	-.54	-.46	-.58	-.56	-.36	-.19	-.18	-.14	-.37	-.33	-.29
Kündigungen	-.23	–	–	-.33	-.28	-.20	-.17	-.23	-.25	-.10	-.12	-.16	-.16	-.17
Abwesenheit	–	–	–	–	–	–	-.15	(-)	–	.06	O	–	.05	O
Organizational Citizenship Behavior	–	–	–	–	–	–	.32	–	–	-.01	–	–	.24	–

Korrelationen sind zum Teil zusammenfassend Mittelwerte ähnlicher Einflussfaktoren oder Wirkungen

Legende
O *nicht signifikant*
(-) *signifikant negativ*
(+) *signifikant positiv*
k.A *keine Angabe*

a Cooper-Hakim & Viswesvaran (2005)
b Meyer et al. (2002)
c Allen & Meyer (1996)
d Tett & Meyer (1993)
e Mathieu & Zajac (1990)

OCQ|nach Mowday et al. (1979)
OAC|nach Meyer & Allen (1991)
OCC|
ONC|

Abbildung 6: Übersicht Organisationales Commitment (Rimbach, 2011, S. 20)

4.6 Commitment und transformationale Führung

Einen Zusammenhang zwischen transformationaler Führung und Commitment konnten DeGroot, Kiker und Cross (2002, S. 356-371) in einer Metaanalyse nachweisen. Insbesondere der Zusammenhang zwischen transformationaler Führung und dem affektiven Commitment hat sich als robuster Zusammenhang erwiesen. Maßgeblich für diesen Zusammenhang ist die Aktivierung der emotionalen Bindung durch den transformationalen Führungsstil, der durch das Aufzeigen einer Vision und sinnstiftender Werte vermittelt wird (Pundt, 2010, S. 77). In einer Untersuchung von Herz, Beck und Felfe wurden die o. g. Zusammenhänge überprüft. Dabei wurde der Zusammenhang der beiden Variablen mit einem Beta-Gewicht von .61 nachgewiesen. Als weitere Einflussgrößen wurden das Alter und die Persönlichkeitseigen-schaften des Fünf-Faktoren-Modells hinzugezogen (Extraversion, Neurotizismus, Verträglichkeit, Offenheit für Erfahrungen und Verlässlichkeit). Die Autoren konnten durch eine Regressionsanalyse nachweisen, dass der Einfluss durch transformationale Führung und den Persönlichkeitseigenschaften signifikant positiv auf das affektive Commitment wirkt. Den signifikant höchsten Wert (.34) hatte dabei die transformationale Führung und bestätigte somit die Studie von DeGroot, Kiker und Cross (2002, S. 356-371; Beck, Herz & Felfe, 2009, S. 110). Neben dem charakteristisch positiven Einfluss der transformationalen Führung wird darauf verwiesen, dass Arbeitsbedingungen und Interaktion der Mitarbeiter einen bedeutsamen positiven Einfluss auf das affektive Commitment haben (Beck, Herz & Felfe, 2009, S. 114).

Weitere Einflussfaktoren hat Felfe hinsichtlich der Branche und der Größe von Unternehmen identifiziert. Hierbei wurde festgestellt, dass transformationale Führung eher in kleineren Unternehmen mit einer geringen strukturellen Organisation anzutreffen ist. In größeren Unternehmen mit einer hohen Struktur in der Organisation ist transformationale Führung eher schwächer ausgeprägt. Für das organisationale Commitment konnte in diesem Kontext festgestellt werden, dass das kalkulatorische Commitment bei steigender Strukturierung der Organisation eine signifikante Rolle einnimmt und das affektive Commitment zunehmend verbreitet ist, wenn eine Organisation weniger Strukturen aufweist (Felfe, 2004, S. 179).

5 Innovationen und Unternehmenserfolg in KMU´s

Innovationen sind für Unternehmen die Basis für ihre Weiterentwicklung. Insbesondere vor dem Hintergrund knapper Ressourcen bieten Innovationen nachhaltige Lösungen. Ferner erzeugen Innovationen dynamisches Wachstum und können Unternehmensgewinne signifikant ansteigen lassen (Armbruster, Kinkel, Kirner & Wengel, 2005, S. 1-12). Daher ist es für Unternehmen existentiell, zu wissen, welche Einflussfaktoren Innovationen begünstigen. Die Forschung hat in diesem Zusammenhang unterschiedliche Ergebnisse geliefert. Festzustellen ist jedoch, dass der Auslöser für Innovationen hauptsächlich vom Mitarbeiter erzeugt wird und nicht vom Unternehmen selbst. Hierzu hat die Forschung weitere Einflussfaktoren neben der Person untersucht, die maßgeblich für die Generierung von Innovationen verantwortlich sind. So nehmen die Ebenen Team und Organisation eine exponierte Rolle ein (Andersen, 2007, S. 754-765).

In den weiteren Unterkapiteln werden die Themen Innovationen in KMU´s, die Innovationsbereitschaft und die damit verbundene Innovationsleistung beleuchtet, da diese Faktoren für diese Arbeit von erhöhtem Interesse sind.

5.1 Definition kleine und mittlere Unternehmen (KMU)

Die Definition von kleinen und mittleren Unternehmen ist sowohl national als auch international nicht einheitlich bzw. gesetzlich geregelt. Eine Annäherung an KMU´s kann zunächst über qualitative Merkmale vorgenommen werden. Das Institut für Mittelstandsforschung definiert KMU´s wie folgt (Günterberg & Wolter, 2002, S. 2-3):

- Eigentum, Risiko und Kontrolle sind einheitlich der Leitung zugeschrieben

- Leitung, Entscheidung und Verantwortung liegen in einer Hand

- Flache Hierarchie, Einigkeit zwischen Führung und Mitarbeiter

- Regionale Beziehung sowie Markt- und Kundennähe

- Persönlicher Bezug zwischen Unternehmen und Umfeld.

Bei dieser Beschreibung ist zu erkennen, dass der Unternehmer die alleinige Entscheidung und Verantwortung für sein Unternehmen trägt, was als charakteristischstes Merkmal in Abgrenzung zu Großunternehmen zu sehen ist (Mertins, Kohl & Krebs, 2007, S. 7).

Weitere Merkmale von KMU's lassen sich u. a. nach Führung und Organisation differenzieren. Die Führung von KMU's ist verbreitet dadurch gekennzeichnet, dass ein patriarchalischer Führungsstil angewendet wird. Ferner werden von den Unternehmern mehrere Funktionen übernommen und lediglich personenbezogene Arbeitsteilung angewendet, weshalb die Führung von KMU's häufig überlastet ist. Ein weiteres Merkmal ist die Improvisation und Intuition, der der Unternehmer in seiner Führung folgt. Die Organisation ist meist schwach strukturiert und vom geringen Formalisierungsgrad gekennzeichnet. Weisungen und Kontrollen finden im persönlichen Austausch statt. Durch die flache Hierarchie und gering ausgeprägte organisationale Struktur herrscht eine hohe Flexibilität (Mertins, Kohl & Krebs, 2007, S. 8).

Neben den qualitativen Merkmalen sind KMU's abgrenzbar über quantitative Faktoren. Die Europäische Union und das deutsche Handelsgesetzbuch definieren KMU's einheitlich nach den Faktoren Beschäftigte, Umsatz und Bilanzsumme. Nachfolgende Abbildung zeigt die Definition der Europäischen Union. Für diese Untersuchung wird diese Definition unterstellt, jedoch lediglich bezogen auf die Anzahl der Beschäftigten (Schiemann, 2008, S. 4-8).

	Beschäftigte		Umsatz		Bilanzsumme
KMU	< 250	und	bis 50 Mio. €	oder	bis 43 Mio. €
Mittlere Unternehmen	50 - 249	und	bis 50 Mio. €	oder	bis 43 Mio. €
Kleine Unternehmen	10 - 49	und	bis 10 Mio. €	oder	bis 10 Mio. €
Kleinst Unternehmen	1 - 9	und	bis 2 Mio. €	oder	bis 2 Mio. €

Abbildung 7: Definition KMU nach Eurostat

Abschließend ist bei den qualitativen und quantitativen Merkmalen von KMU's anzumerken, dass Abweichungen hinsichtlich der Verbindung Eigentum, Entscheidungen und Arbeitsteilung in der Praxis herrschen, so dass Formen wie in Großunternehmen ebenfalls in KMU's zu finden sind und sich somit eine Art Mischform entwickelt hat (Mertins, Kohl & Krebs, 2007, S. 9).

5.2 Innovationsarten

Etymologisch steht die Innovation für Erneuerung, die nach Schumpeter als Ergebnis einer Invention oder Erfindung zu sehen ist und durch die Umsetzung im wirtschaftlichen Kontext geplant oder zufällig entsteht (Mertins, Kohl & Krebs, 2007, S. 10). Hausschild und Salomo (2007, S. 3) definieren Innovationen als neuartige Produkte oder Verfahren, die sich sowohl qualitativ als auch signifikant von einem Vergleichszustand unterscheiden. Dabei sehen die Autoren die Innovation in einer Zweck-Mittel-Beziehung. Ursache einer Innovation ist entweder ein neuer Zweck, durch eine veränderte Nachfrage oder neue technologische Mittel erfüllen nun den Zweck. Beide Ursachen können auch gleichzeitig auftreten (Hausschild & Solomon, 2007, S. 7).

Weiter können Innovationen in technischen und administrativen Erneuerungen differenziert werden. Technische Innovationen beziehen sich vor allem auf die Kernkompetenz des Unternehmens und fokussieren sich auf Produkt- und Prozessinnovationen im technologischen Kontext (Kimberly, 1981, S. 39). Administrative Erneuerungen betreffen die Managementaufgaben und zielen auf die Organisationsstruktur. Ein klassisches Beispiel hierfür ist das Outsourcen von Abteilungen (Mertins, Kohl & Krebs, 2007, S. 12).

Produkt- und Prozessinnovationen

Zu unterscheiden ist ferner bei Innovationen zwischen Produkt- und Prozessinnovationen. Produktinnovationen betreffen die Entwicklung neuer Produkte, die auf dem Markt etabliert wurden und somit die Kundenbedürfnisse befriedigen. Ebenso wird die eigene Wettbewerbsposition gestärkt und der Unternehmensgewinn gesteigert. Unter Prozessinnovationen versteht man die Veränderung bzw. Neugestaltung von (Betriebs-)Abläufen, die die Leistungserstellung direkt oder indirekt betreffen. Dabei sollen Prozessinnovationen einen verringerten oder gleichbleibenden Mitteleinsatz bewirken, um so die Effizienz hinsichtlich Zeit, Qualität und Kosten zu verbessern (Mertins, Kohl & Krebs, 2007, S. 12).

Innovationskultur

Einen immer wichtigeren Aspekt innerhalb der Innovationsforschung nimmt der Bereich der Innovationskultur oder Sozialinnovation ein (Vahs, 2005, S. 337-340). Wie bereits in der Einleitung zu diesem Kapitel erwähnt, sind die Auslöser von Innovation die handelnden Personen. Welche Innovationsart als Treiber für den Auslöser fungiert, kann dabei unterschiedlich sein. So können z. B. Produktinnovationen Auslöser für eine Innovationskultur sein und umgekehrt. Es ist naheliegend, dass Mitarbeiter in so einer Innovationskultur eine hohe Arbeitsplatzzufriedenheit haben und eine Förderung von kreativen Arbeiten erfahren. Im Gegensatz zu den bereits erwähnten Innovationsarten ist die Innovationskultur schwerer messbar. Dennoch können Mitarbeiterbefragungen und weitere statistische Methoden hinsichtlich des Commitments, der Führungskultur und des Unternehmenserfolges messbare Aufschlüsse über das Mitwirken der Mitarbeiter an Innovationen geben (Schori & Roch, 2012, S. 17).

5.3 Innovationsbereitschaft

Die Entstehung und Umsetzung von Innovationen ist in einem sozialen System wie das eines Unternehmens eine komplexe Angelegenheit. Durch das Mitwirken verschiedener Personen in verschiedenen Abteilungen sind Abstimmungen notwendig und so ein integratives Verhalten aller Beteiligten notwendig, um eine Innovation z. B. eines Produkts von der Erfindung bis zur Platzierung in den Markt zu bewerkstelligen. Unternehmen, die diese Fähigkeiten besitzen, können als innovative Organisationen gesehen werden, die sich im Kern durch eine innovative Organisationskultur auszeichnet. Im Zentrum dieser innovativen Organisationskultur steht die Innovationsfähigkeit und Bereitschaft. Aufgrund des Schwerpunktes dieser Untersuchung wird nachfolgend der Fokus auf die Innovationsbereitschaft gelegt (Mertins, Kohl & Krebs, 2007, S. 12). Ausgangspunkt der Innovationsbereitschaft ist die Organisationskultur in einem Unternehmen, das ein soziales Handeln erzeugt, bei dem der Wunsch etwas Neues zu generieren im Mittelpunkt steht. Behrends untersuchte hierzu, welche Funktion eine Organisationskultur für die Innovativität in einer Organisation haben kann. Dabei hat der Autor zunächst die Bedeutung der Innovativität im organisationskulturellen Kontext in die Dimensionen Innovationsfähigkeit (Können), Innovationsmöglichkeit (Dürfen), Innovationsbereitschaft (Wollen) untergliedert, die innovatives Verhalten ermöglichen und halten soll (Behrends, 1999, S. 55).

Ein wichtiger Aspekt der Innovationsbereitschaft ist das organisationale Lernen. Dabei ist entscheidend, dass sich Lernzyklen als selbstverständlicher Teil der Organisation etabliert haben. Charakterisierend hierfür ist, dass das Lernen störungsfrei und mit einer hohen Intensität innerhalb der Organisation abläuft, um Lernbarrieren zu überwinden und so generative Automatismen entstehen zu lassen. Bezüglich des organisationalen Lernens postulierte Behrends, das bei der richtigen Etablierung einer Lernkultur folgende drei Punkte von Bedeutung sind (Behrends, 1999, S. 55):

- Spannung

  Die Spannung wird in diesem Zusammenhang mit Veränderungsdruck in Beziehung gesehen und wirkt positiv auf eine innovative Organisationskultur.

- Feedback

  Um den Lernerfolg mit Wirksamkeit und Dauerhaftigkeit zu untermauern, ist eine Rückmeldung des neuen Handelns unabdingbar.

- Lose Kopplung

  Unter einer „losen Kopplung" wird verstanden, dass eine strikte Orientierung an bestehenden Prozessen auf Kosten der Kreativität geht. Daher ist eine lose Kopplung für die Innovativität förderlicher.

Ein anderer Ansatzpunkt zur Messung von Innovationsbereitschaft ist im organisationspsychologischen Bereich zu finden. Hinsichtlich der Bewertung von Innovationen haben Andersen und West (2007, S. 252-275) mit ihrem Fragebogen „Teamklima für Innovationen" (nachfolgend TKI) ein bewährtes Messinstrument zur Einschätzung der Atmosphäre in Teams während eines Innovationsprozesses entwickelt (Brodbeck & Maier, 2001, S. 59-73). Dabei wird der Innovationsprozess in vier Faktoren (Vision, Aufgabenorientierung, partizipative Sicherheit und Unterstützung von Innovationen) unterteilt. Das Modell unterscheidet Innovationen in quantitative und qualitative Aspekte. Die qualitativen Merkmale beziehen sich auf den Grad der Neuartigkeit und Bedeutung von Produkten und Prozessen. Die quantitativen Merkmale haben den Fokus auf die Anzahl der neuen Produkte (Brodbeck & Maier, 2001, S. 59-73). Gerade in Bezug auf die quantitativen Merkmale und deren Items (Unterstützung von Innovationen) scheint der TKI für die Messung der Innovationsleistung gut geeignet zu sein und wird daher als Schwerpunkt der Messung der Innovationsleistung in dieser Arbeit verwendet.

Neben der Betrachtung der Organisationskultur hinsichtlich der Innovationsbereitschaft lässt sich insbesondere die individuelle Innovationsbereitschaft als positiver Einfluss auf organisationale Veränderung benennen (Puggel, 2012, S. 30). Im Zentrum dieser Betrachtung stehen die affektiven, kognitiven und verhaltensbezogenen Dimensionen. Dabei zählen für Elizur und Guttman (1976, S. 48) emotionale Einstellungen wie Arbeitszufriedenheit, Verbundenheit oder Ängste gegenüber Veränderungen. Zu der kognitiven Dimension ordnen die Autoren die

Beurteilung von Innovationen und der Wertung des Nutzens der Innovation ein. Daraus erkennen die Autoren ein Verhalten, das sich entweder auf die Ablehnung oder Unterstützung der Innovationsbereitschaft bezieht. In verschiedenen Untersuchungen konnte festgestellt werden, je dauerhafter und ausgebildeter eine affektiv-kognitive Struktur vorhanden war, desto verhaltenswirksamer war diese (Elizur & Guttman, 1976, S. 52). Übersetzt auf die organisationale Veränderung konnte nachgewiesen werden, dass je positiver die Gefühle zu Innovationen waren und die logischen Annahmen dieses unterstützen, desto signifikant positiver wurden die Innovationen gesehen und nachteilige Aspekte vernachlässigt (Puggel, 2012, S 31). Nachfolgend wird das beschriebene Modell in grafischer Form abgebildet.

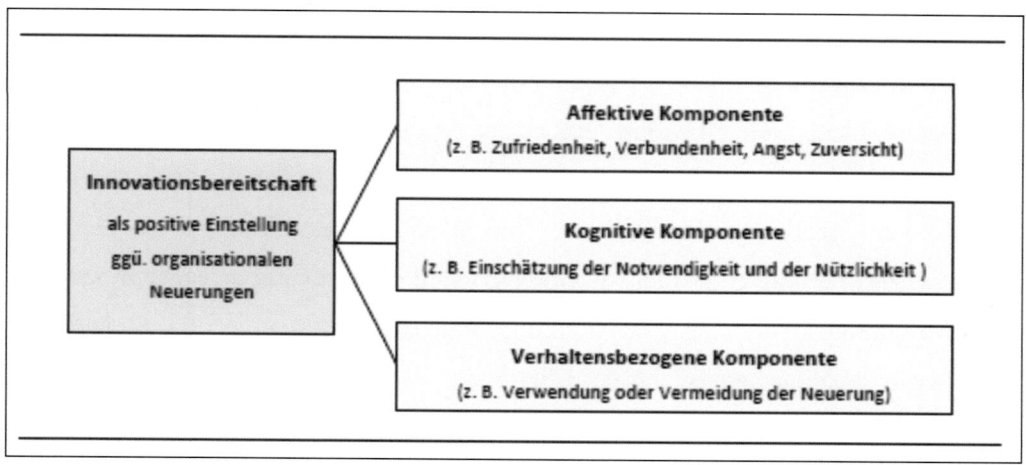

Abbildung 8: Drei Komponenten Modell nach Puggel (2012, S. 31)

Abschließend ist festzuhalten, dass die kognitiven Aspekte dieses Modells stärker auf die verhaltensbezogenen Merkmale reflektieren und die emotionalen Komponenten ausgeprägter mit den kognitiven Komponenten korrelieren (Puggel, 2012, S. 32).

5.4 Einfluss von transformationaler Führung der Geschäftsführung auf die Innovationsbereitschaft

Die Geschäftsführung ist der Haupttreiber von innovativem Bewusstsein im Unternehmen und priorisiert Projekte nach Neuigkeit und damit ggf. organisationaler Veränderung. Hierzu gehört ebenfalls, dass Projekte, die nicht im normalen Betrieb zu bewerkstelligen sind mit einer Projektstruktur auszugliedern sind (Hausschild, 2005, S. 25). Des Weiteren kann die Geschäftsführung aufgrund ihrer Hierarchie und der damit verbundenen Macht und Einfluss Innovationen mit entsprechenden Ressourcen initiieren, vorantreiben oder verzögern und blockieren. Ein weiterer wesentlicher Aspekt ist das Commitment der Geschäftsführung zu Veränderungen und das Verantwortungsbewusstsein. Durch eine emotionale Verbundenheit und Verantwortungsbewusstsein zu Innovationsprojekten bewirkt die Führungskraft Zweckmäßigkeit, Stabilität und Erfolg. Als weiteren Effekt dieses Vorgehens zeigt die Führungskraft einen hohen Grad an Unterstützung, welches in verschiedenen Studien als einer der signifikantesten Wirkmechanismen zur Erzeugung von Innovationsbereitschaft nachgewiesen wurde. Als innovationsförderliches Führungsverhalten ist ferner die Steuerung von Innovationsprojekten zu nennen. Untersuchungen haben gezeigt, dass das Setzen von Meilensteinen, die aktive Planung und Kontrolle sowie die Durchsetzung von Lösungen und das Schaffen von Freiräumen maßgeblich positiv sind. (Puggel, 2012, S. 30-33).

Hinsichtlich des transformationalen Führungsstils und der Innovationsbereitschaft lassen sich weitere Determinanten identifizieren. Insbesondere die Dimensionen des Fünf-Faktoren-Modells können als Grundlage zur Messung innovationsförderliches Verhalten von Führungskräften angewendet werden (Vakola, Tsaousis & Nikolaou 2003, S. 88-110). Gebert (1987, S. 941-951) erscheint das Fünf-Faktoren-Modell ebenfalls gut geeignet zu sein, da ein innovationsförderndes Verhalten der Führungskraft zur Erzeugung und Steigerung der individuellen Innovationsbereitschaft der Mitarbeiter führt. Die Förderung hat Gebert in eine motivationale und kognitive Art aufgeteilt. Um ein innovationsförderliches Verhalten der Mitarbeiter zu erzeugen, sind bei der motivationalen Art zwei Stufen von Bedeutung: Zum Ersten muss der Mitarbeiter den gegebenen Zustand als veränderungsbedürftig ansehen und zum Zweiten als veränderungsfähig einstufen, was bei einem intrinsisch motivierten Mitarbeiter als zwangsläufig gesehen wird, da er sich stark mit seiner Aufgabe identifiziert. Die transformationale Führung kann hier durch eine gezielte inspirative Motivation Einfluss nehmen und den Mitarbeitern ein attraktives Bild der zukünftigen Organisation geben. Ferner wird durch das Aufzeigen der eigenen Bedeutung und des individuellen Beitrages des Mitarbeiters die intrinsische Motivation angesprochen und durch die transformationale geprägte Führungskraft verstärkt. Der Einfluss von transformationaler Führung auf die intrinsische Motivation ist somit ein zentraler Faktor für Innovationsbereitschaft, welches Shin und Zhou belegen konnten (Shin & Zou, 2003, S. 703-714). Ein weiterer Vorteil der transformationalen Führung ist die Selbstwirksamkeit der Mitarbeiter zu stärken. Gerade in Bezug auf innovationsförderliches Verhalten sind Mitarbeiter mit einer hohen Selbstwirksamkeit wichtig, da sie neue oder veränderte Aufgaben selbstbewusst als Herausforderung sehen und lösungsorientiert die Veränderungen angehen. Auch bei Widerständen bei der

Umsetzung von Innovationen weisen Mitarbeiter mit einer hohen Selbstwirksamkeit ein höheres Potential auf, Rückschläge besser zu meistern. Die Erhöhung der Selbstwirksamkeit geschieht durch eine individuelle und zielgerechte Ansprache auf die Wünsche und Bedürfnisse des Mitarbeiters. Ebenso ist die Förderung der einzelnen Mitarbeiter ein wesentlicher Bestandteil, um das Bewusstsein der eigenen Fähigkeiten in den Fokus des Mitarbeiters zu rücken und somit Vertrauen in die eigenen Fähigkeiten zu erzeugen. Ein weiterer Gesichtspunkt zur Steigerung von innovativem Verhalten ist die Förderung von unkonventionellen Ideen durch transformationale Führungskräfte. Diese Stimulierung der Intelligenz bei den Mitarbeitern bewirkt ein kritisches Hinterfragen von gegebenen Strukturen und erzeugt eine Kreativität, die bei Veränderungen hinsichtlich Innovationen notwendig ist (Behrends, 1999, S. 57).

5.5 Innovationsleistung als Zielgröße von KMU´s

Bei der Innovationsleistung existiert keine einheitliche Definition. Als Innovationsleistung wird in der Betriebswirtschaft vom Output eines Unternehmens gesprochen, der aufgrund eines Innovationsprozesses z. B. durch Forschung und Entwicklung entlang der gesamten Wertschöpfungskette erzeugt wurde. Bei der Beleuchtung der Innovationsleistung kann demnach unterschieden werden, ob der Fokus auf dem Innovationsprozess selbst oder lediglich auf den Output gelegt wird (Hausschildt, 2004, S. 330). Die Bewertung oder Messung von Innovationen kann unterschiedlich ermittelt werden. Zum einen können betriebswirtschaftliche Kennzahlen wie Forschungs- und Entwicklungsaufwände erhoben werden und daraus Kennzahlen gebildet werden. Aber auch die Zählung von neuartigen Produkten und deren erfolgreiche Platzierung in Märkten können als Messgröße eingesetzt werden (Hausschildt, 2004, S. 330).

5.6 Unternehmenserfolg als Zielgröße von KMU´s

Bei dem Begriff Unternehmenserfolg werden in der Literatur verschiedene Definitionen subsumiert. Eine differenzierte Annäherung an den Unternehmenserfolg kann durch die Beleuchtung des Unternehmenserfolges anhand des Ressourceneinsatzes erfolgen (Köhn, 2010, S. 79). Hierbei werden die Entscheidungen der Geschäftsführung hinsichtlich des richtigen Ressourceneinsatzes als entscheidender Faktor für den Erfolg des Unternehmens gesehen. Diese Entscheidungen haben Einfluss auf den Profit und deren Dynamik. Somit obliegt es der obersten Geschäftsführung, festzulegen, welcher Mix an Ressourcen zum Einsatz kommen muss, damit Innovationen entstehen und in einen Unternehmenserfolg münden (Brodbeck & Maier, 2001, S. 59-73).

Der Unternehmenserfolg kann ferner über die organisationale Leistung oder Performance erhoben werden. Die Akzeptanz der organisationalen Leistung ist in der Betriebswirtschaftslehre inzwischen thematisiert worden. Grundlegendes Problem ist jedoch die Messung der Leistung (Venkatraman & Ramanujam, 1985, S. 20). Bisherige Untersuchungen haben indirekte und direkte Datenerfassungen angewendet. Bei der indirekten Erhebung wurde eine Stichprobe von Unternehmen nach gemeinsamen Merkmalen untersucht. Bei der Datenerhebung wurden sowohl Kennzahlen wie Kapital- und Umsatzrendite, Marktanteil und Produktverkäufe herangezogen, als auch subjektive Einschätzungen wie Wettbewerbsfähigkeit, Innovationsfähigkeit und Unternehmensleistung. Hier haben die Autoren jedoch einschränkend darauf hingewiesen, dass diese Parameter zur Verzerrungen des Ergebnisses führen, da die Befragten aufgrund von kognitiven Konsistenten, Projektionen sowie zu optimistischen Vorstellungen die Antworten weniger sachlich beantworteten. Die direkte Datenerfassung erfolgte über die Befragungen von entsprechenden Zielgruppen. Dabei wurden sowohl Finanzkennzahlen als auch Marketingkennzahlen über einen Likert skalierten Fragebogen abgefragt (Woodside & Wilson, 2002, S. 7-18).

Bezogen auf die organisationalen Leistungen können somit Verbindungen mit den verschiedenen Parametern in Beziehung gesetzt werden (z. B. Forschungs- und Entwicklungsaufwände mit Kapitalertrag oder Weiterbildungsaufwände mit Anzahl neuer Produkte). Insbesondere der ressourcenbasierte Ansatz kann mit dieser Methode kombiniert werden und so die Entscheidungen der Geschäftsführung über den eingesetzten Mix an Unternehmensressourcen bewertet werden. Neben der erwähnten Entscheidung der Geschäftsführung über den Ressourceneinsatz ist auch der Einfluss von transformationaler Führung in diesem Kontext zu beleuchten, da die Umsetzung der Entscheidung ein wichtiger Einflussfaktor auf den Erfolg ist und der Führungsstil ein wichtiger Hebel ist (Geyer & Steyrer, 1998, S. 378-379).

Den Einfluss von transformationaler Führung auf den Unternehmenserfolg (als abhängige Variable) haben verschiedene Studien untersucht. Dabei haben die Autoren in verschiedenen Branchen (Banken und Handel) jedoch nur einen geringen positiven Zusammenhang zwischen transformationaler Führung, subjektiven Einschätzungen bzgl. des Unternehmenserfolgs und positiven Finanzkennzahlen (Nettoumsatzrendite, Eigenkapitalrendite und Umsatzwachstum) feststellen können (Waldman, Ramirez & House, 2001, S. 134-143). Insbesondere bezüglich des Zusammenhangs zwischen transformationaler Führung und den Finanzkennzahlen konnten die Autoren einen robusten Zusammenhang feststellen. Dagegen ist die Korrelation zwischen transformationaler Führung und den subjektiven Variablen schwach ausgeprägt, das die Autoren mit der Überschätzung der unabhängigen Variablen (subjektive Einschätzungen) erklären. Ferner konnten Waldmann et al. beweisen, dass bei zunehmender Unsicherheit der wirtschaftlichen Lage der positive Zusammenhang zwischen transformationaler Führung und den Finanzkennzahlen stieg (Waldman et al., 2001, S. 134-143). Der positive Zusammenhang zwischen transformationaler Führung und Finanzkennzahlen in wirtschaftlich unsicheren Zeiten erklärt sich dadurch, dass transformationale Führungskräfte ihre Mitarbeiter auf die Vision des Unternehmens anhand von Werten und Bedürfnissen ausrichten können. Insbesondere vor dem Hintergrund von Angst bei den Mitarbeitern aufgrund von wirtschaftlich unsicheren Zeiten wird dieser Effekt verstärkt. Somit steigt die Identifikation mit ihrer Aufgabe, da die Mitarbeiter das Gefühl haben, einen Beitrag zur Erreichung der Vision des Unternehmens zu leisten. Ebenfalls damit verbunden ist ein hohes Commitment, da die Mitarbeiter durch die hohe Identifikation das Gefühl der Verbundenheit mit der Organisation haben und letztlich eine hohe intrinsische Motivation aktivieren können, was wiederum in einer individuellen Leistungssteigerung endet und über das normale Maß hinaus geht (vgl. Kapitel 3.3.4). Bezüglich der Ebene der Geschäftsführung ist die Wahrnehmung der Mitarbeiter vorrangig durch eine inspirierende Motivation gekennzeichnet. Als weiteren Aspekt in der Wahrnehmung der Mitarbeiter gegenüber der Geschäftsführung ist die Vorbildfunktion wesentlich, die sich über Beharrlichkeit, Erfolg und Entscheidungskraft ausdrückt (Köhn, 2008, S. 80).

Trotz der Einschränkungen hinsichtlich der Datenerhebung von subjektiven Kennzahlen wie sie Woodside und Wilson (2002, S. 7-8) erläuterten, wird in dieser Untersuchung der Fokus auf die subjektiven Kennzahlen gelegt, da davon auszugehen ist, dass die Befragten keine hinreichenden Kenntnisse über Finanzkennzahlen haben.

Als letztes Kapitel der theoretischen Grundlagen wird der oben genannte Aspekt der transformationalen Führung um die Innovationsleistung ergänzt. Auf Grundlage dieser Zusammenhänge wird anschließend das Wirkmodell für die empirische Untersuchung erarbeitet.

6 Zusammenhang zwischen transformationaler Führung, Innovationsleistung und Unternehmenserfolg

In den bisherigen Kapiteln wurden die Variablen *transformationale Führung*, Innov*ationsleistung* und *Unternehmenserfolg* zunächst für sich vorgestellt. Um die Verbindung der Themen nachvollziehbar darzustellen, werden zunächst die Zusammenhänge von den abhängigen Variablen *Unternehmenserfolg* und *Innovationsleistung* über die *Innovationsbereitschaft* und dem *affektiven Commitment* als moderierende Rolle auf die *transformationale Führung* als unabhängige Variable aufgezeigt.

Der *Unternehmenserfolg* lässt sich wie in Kapitel 5.5 abgebildet über qualitative Messgrößen (Wettbewerbsfähigkeit, Markenwert etc.) und quantitative Messgrößen (Kapitalertrag, Nettoumsatzrendite oder Umsatzrendite) darstellen (Waldman & Yammarino, 1999, S. 265-285). Grundlage dieser Messgrößen ist die erfolgreiche Wertschöpfung von neuen Produkten, Dienstleistungen oder internen Prozessen innerhalb eines Unternehmens. Die erfolgreiche Etablierung einer Wertschöpfungskette, setzt die Innovationsfähigkeit eines Unternehmens voraus. So ist eine Organisationskultur notwendig, in welcher die Mitarbeiter das organisationale Lernen als motivierende Selbstverständlichkeit betrachten. Folgerichtig muss das Unternehmen eine Umgebung schaffen, dass Freiräume für Kreativität, abseits von regulativen Dienstanweisungen, ermöglicht (Martins & Behrends, 1999, S. 56-60). Um diesen Grad der Organisationskultur zu erreichen, müssen weitere Bedingungen erfüllt sein. So ist eine hohe emotionale Verbundenheit und Identifikation der Mitarbeiter mit ihrem Unternehmen notwendig. Um dieses organisationale Commitment als moderierende Variable einsetzen zu können, muss die Geschäftsführung ihren Führungsstil entsprechend ausrichten (Bass, 2008, S. 641). Da organisationales Commitment durch die Attraktivität der Aufgabe und das Betriebsklima entsteht, liegt es an der Führungskraft, den Mitarbeitern die Bedeutung ihrer Arbeit in Hinblick auf das übergeordnete Unternehmensziel zu veranschaulichen. Dies kann durch die vier I's der transformationalen Führung erzeugt werden, indem die Führungskraft ihre Vorbildfunktion wahrnimmt, Glaubwürdigkeit ausstrahlt, eine sinnstiftende Vision aufzeigt, tradierte Denkmuster in Frage stellt und individuell wertschätzt (Bass, 2008, S. 642).

Im nachfolgenden Unterkapitel wird auf Basis der bisher erarbeiteten theoretischen Grundlagen das Wirkmodell für die empirische Untersuchung vorgestellt.

6.1 Wirkmodell zum Zusammenhang zwischen transformationaler Führung, Innovationsleistung und Unternehmenserfolg

Nachfolgend wird das theoretische Wirkmodell zur Beziehung zwischen der unabhängigen Variable *transformationale Führung* und den abhängigen Variablen *Innovationsleistung* und *Unternehmenserfolg* vorgestellt. Dieses Wirkmodell beleuchtet die direkten Zusammenhänge zwischen transformationaler Führung der Geschäftsführung auf die Innovationsleistung und den Unternehmenserfolg. Zusätzlich werden die indirekten Zusammenhänge der transformationalen Führung der Geschäftsführung, unter Einbeziehung der Variablen *affektives Commitment* und Inn*ovationsbereitschaft*, auf die Innovationsleistung und den Unternehmenserfolg geprüft.

6.1.1 Aufbau des Wirkmodells

Zur Erläuterung des Wirkmodells wird zunächst mit der grafischen Darstellung des Modells begonnen.

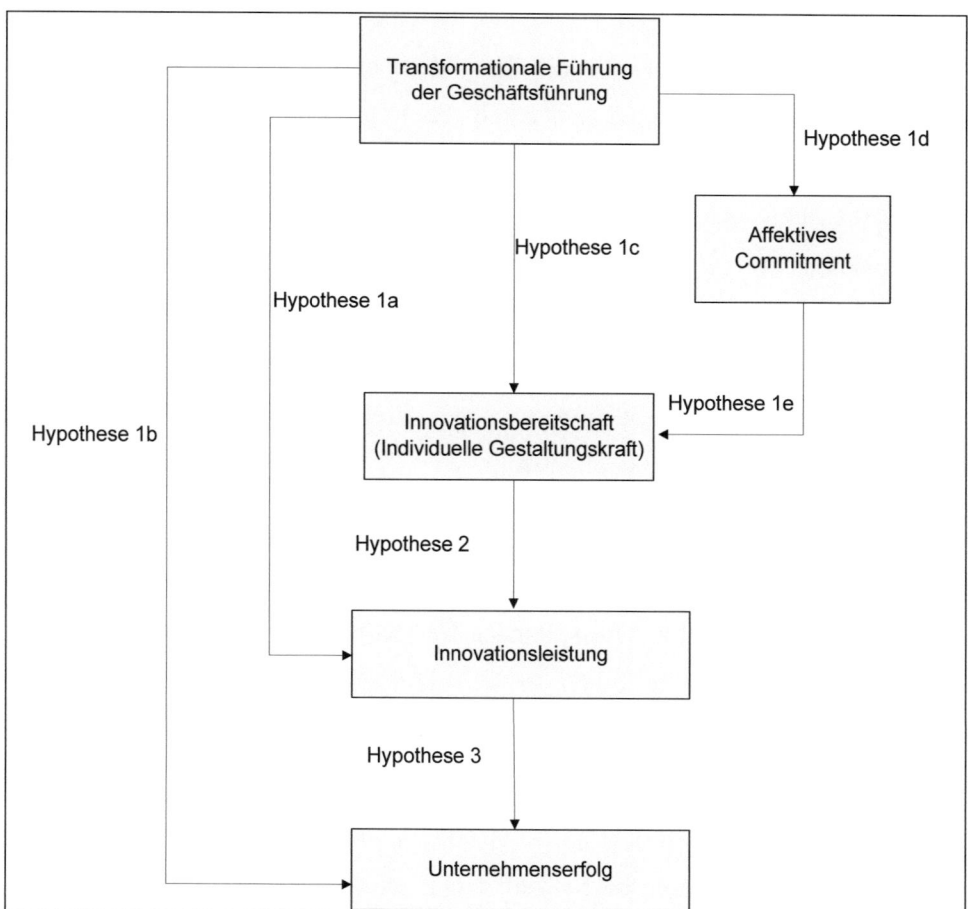

Abbildung 9: Wirkmodell

Dieses Wirkmodell nimmt grundsätzlich an, dass die Geschäftsführung von KMU´s mit einem transformationalen Führungsstil einen positiven Einfluss auf die Innovationsleistung und den Unternehmenserfolg hat. Für diese Hypothese geht dieses Wirkmodell davon aus, dass zwei Bedingungen gegeben sein müssen, damit der angenommene Effekt eintritt.

Die erste notwendige Bedingung ist, dass transformationale Geschäftsführungen nur dann einen positiven Einfluss auf die abhängigen Erfolgsvariablen erzeugen können, wenn sie das affektive Commitment der Mitarbeiter aktivieren. Um die Innovationsleistung und den Unternehmenserfolg steigern zu können, bedarf es Mitarbeitern die eine hohe Arbeitsleistung erbringen, herausfordernde Tätigkeiten annehmen, Veränderungen positiv begegnen und eine emotionale Bindung zum Unternehmen und dessen Produkten bzw. Dienstleistungen haben (Herz, Beck & Felfe, 2009, S. 109). Um diese Bedingung kritisch zu überprüfen, wird hierzu ebenfalls das kalkulatorische Commitment (Gegenpol) gemessen.

Die zweite Bedingung ist die Aktivierung der Innovationsbereitschaft von Mitarbeitern. Der Innovationsleistung gehen kreative Ideen der Mitarbeiter voraus. Transformationale Geschäftsführer zeigen nicht nur Visionen auf, sondern inspirieren zusätzlich, indem sie die Mitarbeiter intellektuell stimulieren und somit die Innovationsbereitschaft fördern. Dieser Sachverhalt stellt einen kritischen Prozess innerhalb des Innovationsmanagements dar. Die Innovationsbereitschaft erzeugt zunächst nur Möglichkeiten. Die Umsetzung von kreativen Ideen in Innovationsleistung ist mit organisationalen Widerständen, komplexen Themenstellungen und Umweltfaktoren verbunden, die gelöst werden müssen. Hier ist der positive Einfluss von transformationalen Geschäftsführern anzunehmen (West, 1990, S. 309-333). Um die Bedingungen kritisch zu validieren, wird der direkte Einfluss von transformationaler Führung auf die Innovationsleistung überprüft.

Im nächsten Abschnitt werden die einzelnen Schritte des Wirkmodells anhand der dahinterstehenden Hypothesen, in Verbindung mit empirischen Belegen, erläutert. Der erste Schritt ist, die positiven Effekte von transformationalen Geschäftsführern zu erklären, die in Verbindung mit der Innovationsleistung stehen. Ergänzt wird dieser Schritt mit der Erläuterung der transformationalen Führung auf den Unternehmenserfolg. Diese beiden Handlungen stellen die Makrobetrachtung dar. Im nächsten Schritt wird der positive Einfluss von transformationaler Führung auf das affektive Commitment erklärt, um daraus den Effekt des affektiven Commitments auf die Innovationsbereitschaft empirisch zu erklären. Als letzter Schritt wird der Effekt von Innovationsleistung auf den Unternehmenserfolg dargestellt.

6.1.2 Hypothesen zum Wirkmodell

H1 a: Die transformationale Führung der Geschäftsführung steht im positiven Zusammenhang mit der Innovationsleistung des Unternehmens.

Den positiven Zusammenhang von transformationaler Führung und Innovationsleistung konnten Rowold und Streich (2007, S. 98) in einer empirischen Untersuchung belegen. Als Innovationsleistung haben die beiden Autoren die Innovationsfähigkeit u. a. nach Anzahl der Patente und angemeldeter Erfindungen definiert. Die Studie hat einen signifikant positiven Zusammenhang zwischen transformationalen Items und der Innovationsleistung feststellen können. In einer weiteren Studie haben Jung, Chow und Wu (2012, S. 525-544) in taiwanesischen Unternehmen den Einfluss von transformationaler Führung und Innovationsoutput untersucht. Die Autoren konnten in ihrer Studie signifikante Zusammenhänge nachweisen (ß = 0.04, p < 0.10). Gumuslouglu & Ilsev (2007, S. 468) konnten ebenfalls einen signifikant positiven Zusammenhang zwischen transformationaler Führung und der Anzahl der Patente bzw. der organisationalen Innovationsleistung feststellen. Chen, Liu & Tjosvold (2005, S. 277-300) untersuchten Unternehmen auf der Ebene von strategischen Geschäftseinheiten auf den Zusammenhang von transformationaler Führung und technologischer Innovation. Bei Ihren Untersuchungen konnten sie belegen, dass transformationale Führungskräfte mit technologischen Innovationen (ß = 0.153, p < 0.05) signifikant positiv korrelieren. Aufgrund der vorliegenden Studien wird in dieser Untersuchung von einem positiven Zusammenhang zwischen transformationaler Führung der Geschäftsführung und der Innovationsleistung ausgegangen.

H1 b: Die transformationale Führung der Geschäftsführung steht im positiven Zusammenhang mit dem Unternehmenserfolg.

Die Hypothese geht davon aus, dass bei Geschäftsführern mit einem transformationalen Führungsstil die Mitarbeiter zufriedener, loyaler und erfolgreicher sind, was wiederum positiv auf die Kundenzufriedenheit wirkt und somit den Profit für das Unternehmen erhöht (Morhart, 2012, S. 45). Studien zum Einfluss von transformationaler Führung auf den Unternehmenserfolg belegen in der Mehrzahl einen positiven Einfluss. So haben Waldman et al. (2001, S. 16) in einer Untersuchung mit 200 US-Unternehmen einen Vergleich zwischen transaktionalen und transformationalen-charismatischen Führungsstilen anhand des MLQ Fragebogens durchgeführt. Die Autoren konnten bei den Unternehmen direkte positive Effekte von transformationaler-charismatischer Führung auf CEO-Ebene auf das Umsatzwachstum feststellen. In einer weiteren Studie haben Ling et al. (2008, S. 253) ebenfalls den Einfluss von transformationaler Führung auf CEO-Ebene auf den Unternehmenserfolg untersucht. Dabei konnten die Autoren u. a. nachweisen, dass Geschäftsführer mit einem transformationalen Führungsstil, die gleichzeitig auch Gründer des Unternehmens waren, einen stärkeren positiven Einfluss auf den Unternehmenserfolg haben, als Geschäftsführer, die nicht Gründer waren. Bei den Finanzdaten für den Unternehmenserfolg wurde auf die Datenbank einer Auskunftei zurückgegriffen und diese in Relation zur transformationalen Führung, inkl. Variablen zu mitarbeiterbezogenen Erfolgskriterien, gesetzt. Auch in dieser Studie konnte der positive Einfluss von transformationaler Führung auf den Unternehmenserfolg nachgewiesen werden (Waldman et al., 2001, S. 16). In einer Untersuchung von Banken in Österreich haben Geyer und Steyrer (1998, S. 377-401) nachweisen können, dass transformationale Führung und subjektive Extraleistung signifikant zusammenhängen ($r = 0.92$, $p < .10$). Bei objektiven Erfolgskriterien konnten keine signifikanten Zusammenhänge nachgewiesen werden. Aufgrund der ebenfalls angewendeten subjektiven Erfolgskriterien geht diese Untersuchung auch von einem starken Zusammenhang zwischen transformationaler Führung und dem Unternehmenserfolg aus.

H1 c: Die transformationale Führung der Geschäftsführung steht im positiven Zusammenhang mit der Innovationsbereitschaft.

Die Annahme, dass transformationale Führung die Kreativität und somit die Innovationsbereitschaft fördert, haben Jung et al. (2008, S. 538) in ihrer Studie beweisen können. So konnten sie Zusammenhänge zwischen transformationaler Führung und Unterstützung für Innovation feststellen ($r = 0.52$, $p < .10$). Die Autoren führten dieses Ergebnis darauf zurück, dass der Haupteinfluss in der Etablierung einer entsprechenden Organisationskultur besteht, die die Unterstützung für neue Ideen fördert. Ling et al. (2008, S. 253) konnten in ihrer Untersuchung einen Zusammenhang zwischen transformationaler Führung und Innovationskultur feststellen. Gumuslouglu & Ilsev (2007, S. 467) konnten ebenfalls positive Korrelationen zur Kreativität signifikant beweisen. Dabei konnten sie insbesondere Zusammenhänge zwischen individueller Kreativität, intrinsischer Motivation sowie der Unterstützung für Innovationen mit transformationaler Führung aufzeigen. Rowold und Streich konnten in einer Studie nachweisen, dass transformationale Führung einen signifikant positiven Einfluss auf die Innovationsfähigkeit hat, insbesondere auf die Innovationskultur, begründet durch ein intensives organisationales Lernen. Auch Zagoršek, Dimovski, Škerlavaj (2009, S. 152-155) haben in ihrer Studie den Einfluss von Führungsstilen auf das organisationale Lernen untersucht. Dabei konnten die Autoren einen signifikant positiven Zusammenhang zwischen transformationaler Führung und organisationalem Lernen belegen. Die vorliegende Untersuchung geht ebenfalls von einem positiven Zusammenhang zwischen transformationaler Führung und der Innovationsbereitschaft aus, da die Innovationsbereitschaft hier als notwendig erachtet wird, um Innovationsleistung entstehen zu lassen.

H1 d: Die transformationale Führung der Geschäftsführung steht im positiven Zusammenhang mit dem affektiven Commitment der Geführten.

Das affektive Commitment nimmt in dieser Untersuchung auch eine moderierende Rolle ein, da vermutet wird, dass transformationale Führung sich positiv auf die emotionale Bindung der Mitarbeiter auswirkt. Dies geschieht durch die sinnstiftende und visionäre Kommunikation der transformationalen Geschäftsführung (vgl. Kapitel 3.3). Wie bereits in mehreren Studien nachgewiesen, besteht ein positiver Zusammenhang zwischen transformationaler Führung und affektivem Commitment. So haben Zhu et al. (2012, S. 103) in ihrer Studie den Einfluss von transformationaler Führung auf das affektive und kognitive Vertrauen, das affektive organisationale Commitment sowie das OCB und die Job Performance untersucht. Dabei fanden die Autoren heraus, dass lediglich über das affektive Vertrauen ein mittlerer positiver Zusammenhang zu transformationaler Führung und dem affektiven Commitment gegeben ist ($r = .32$, $p < .01$). Erklärt wurde diese Erkenntnis durch die inspirierende Motivation der Geschäftsführung. Hierdurch wird eine attraktive Jobaussicht innerhalb der Organisation aufgezeigt, die den Wert der Arbeit der Mitarbeiter wertschätzend anerkennt und somit affektives Commitment aufbaut. Pundt (2010, S. 149-150) verweist in seiner Studie ebenfalls auf eine positive Korrelation zwischen transformationaler Führung und affektivem Commitment. Jedoch konnte er lediglich zwischen der transformationalen Dimension intellektuelle Stimulierung und dem affektiven Commitment einen signifikanten Zusammenhang feststellen ($r = .62$, $p < .01$). In einer weiteren Studie konnten Herz et al. (2009, S. 112) eine signifikante Korrelation zwischen transformationaler Führung und affektivem Commitment feststellen ($r = .61$, $p < .01$). Basierend auf den bisherigen Befunden geht die vorliegende Untersuchung von einem positiven Zusammenhang zwischen transformationaler Führung und affektivem Commitment aus.

H 1 e: Das affektive Commitment der Geführten steht im positiven Zusammenhang mit der Innovationsbereitschaft.

Das affektive Commitment nimmt zur Förderung der Innovationsbereitschaft von Mitarbeitern einen hohen Stellewert ein. In einer Studie von Schennen et al. (2007, S. 34-37) über den Einfluss von Commitment auf die Innovationsbereitschaft haben die Autoren festgestellt, dass Commitment über die intrinsische Motivation einen hohen Zusammenhang mit der Innovationsbereitschaft von Mitarbeitern aufwies. Die vorliegende Untersuchung unterstützt die hier getroffene Annahme, dass das affektive Commitment im positiven Zusammenhang mit der Innovationsbereitschaft steht.

H 2:   Die Innovationsbereitschaft der Geführten steht im positiven Zusammenhang mit der Innovationsleistung des Unternehmens.

Um eine Innovationsleistung erbringen zu können, müssen Mitarbeiter von KMU's Ideen entwickeln können. Dies setzt voraus, dass die Geschäftsführung ihren Mitarbeitern den Sinn und Bedeutung ihrer kreativen Arbeit aufzeigt und ein innovationsförderliches Klima schafft. Sind diese Faktoren gegeben, so geht diese Untersuchung davon aus, dass die Innovationsbereitschaft einen positiven Zusammenhang zur Innovationsleistung hat.

H 3:   Die Innovationsleistung steht im positiven Zusammenhang mit dem Unternehmenserfolg.

Die Innovationsleistung bedingt neue Produkte, Prozesse oder Dienstleistungen, die neue Märkte erschließen und Kunden zufriedenstellen. Durch diese Effekte wird die Profitabilität eines Unternehmens gesichert bzw. erhöht. Unter dieser Annahme wird davon ausgegangen, dass ein positiver Zusammenhang zwischen der Innovationsleistung und dem Unternehmenserfolg besteht.

II Empirischer Teil

Im empirischen Teil wird zuerst das Untersuchungsdesign beschrieben. Im Anschluss wird die Fragbogenkonstruktion mit den jeweiligen Skalen vorgestellt. Die Gütekriterien der Skalen schließen diesen Teil ab. Die Vorstellung der Ergebnisse im Kontext der ausgearbeiteten Hypothesen bildet den Abschluss dieses Teils.

7 Untersuchungsdesign

Bei dieser Untersuchung handelt es sich um eine Querschnittsstudie. Der Umfang dieses Querschnitts bezieht sich auf Mitarbeiter in kleinen und mittleren Unternehmen, die ihre Geschäftsführung nach dem Führungsstil im Zusammenhang mit der Innovationsleistung und dem Unternehmenserfolg beurteilen sollen. Dabei ist die Unternehmensgröße von maximal 250 Mitarbeitern pro Betrieb entscheidend. Es wird in dieser Untersuchung bewusst auf eine Fokussierung auf Branchen verzichtet und nur ein Schwerpunkt auf die Unternehmensgröße gelegt, da generell KMU´s signifikant von der Innovationsleistung abhängig sind, um erfolgreich im Wettbewerb bestehen zu können.

Die Befragung der Mitarbeiter erfolgt online und wendet sich an Personen (inkl. Führungskräfte), die über den Führungsstil ihrer Geschäftsführung, über ihre Verbundenheit zum Unternehmen sowie über die Unterstützung bei neuen Ideen und deren Umsetzung Rückmeldungen geben können. Ferner wird am Schluss des Fragebogens der (subjektive) Erfolg des Unternehmens erfragt. Die Online-Befragung basiert auf einem Fragebogen, der aus einer Kombination von bewährten Fragebögen zum Thema transformationale Führung, organisationales Commitment, Innovationen und Unternehmenserfolg erstellt wurde.

In dem nachfolgenden Unterkapitel *Operationalisierung und Durchführung der Untersuchung* wird der Vollständigkeit halber zunächst ein kurzer Abriss der Erhebungsinstrumente gehalten, um anschließend das konkrete Vorgehen der Untersuchung zu erläutern.

7.1 Operationalisierung und Durchführung der Untersuchung

Die Gewinnung der Daten erfolgt über eine quantitative Erhebung, die durch einen ratingskalierten Online-Fragebogen umgesetzt wird. Grundsätzlich können Erhebungsinstrumente in qualitative und quantitative Typen unterschieden werden. Bei der qualitativen Erhebung liegt der Fokus von Beginn an auf tatsächlich gemachten Erfahrungen. Weiterhin kennzeichnend für die qualitative Erhebung sind die Komplexität der Analyse und die induktive Vorgehensweise, bei der kein theoretisches Modell vorher bestehen muss (Wottawa & Thierau, 1998, S. 140-142). Als Erhebungsinstrument kommt hier hauptsächlich das Interview zum Einsatz. Ein weiteres Merkmal dieses Erhebungsinstrumentes ist der Interpretationsspielraum, der sich aus der Komplexität der gewonnen Informationen ergibt (Bortz & Döring, 2006, S. 237).

Im Gegensatz zur qualitativen Erhebung geht die quantitative Erhebung deduktiv vor und leitet generelle Annahmen mittels Hypothesen auf konkrete Realitäten ab. Zentraler Bestandteil der quantitativen Erhebung ist die schriftliche Befragung. Sie gehört zu den kostengünstigeren und effektiven Erhebungsmethoden. Basis für die schriftliche Befragung ist der Fragebogen, den die Befragten anhand von vordefinierten Fragen eigenständig schriftlich beantworten (Bortz & Döring, 2006, S. 252). Der Steuerbarkeit der Befragungsinhalte kommt eine wichtige Rolle zu, um Antwortverzerrungen möglichst zu reduzieren (Raithel, 2008, S. 66). Die gewonnenen Rückmeldungen aus den beantworteten Fragebögen werden zahlenmäßig über z. B. eine Ratingskala erfasst und statistisch ausgewertet. Weitere Vorteile dieser Erhebungsart sind die Anonymität sowie die Vergleichbarkeit der Ergebnisse innerhalb der Stichprobe.

Bei der vorliegenden Untersuchung werden bewährte Fragen zu den einzelnen Themenblöcken in einem Fragebogen zusammengefasst. Dies zeigt den Vorteil der quantitativen Erhebung für ein methodisches Vorgehen, das sich wie folgt darstellt (Bortz & Döring; 2006, S. 11):

- Hohe Standardisierung, minimiert Störquellen.

- Gute Objektivität, welches die Aussagekraft erhöht.

- Replizierbarkeit und dadurch Steigerung der Flexibilität.

Weitere Vorteile sind die gute Strukturierbarkeit und Abbildung von theoretischen Modellen in der Praxis.

Die Verteilung des Fragebogens erfolgt online. Die Vorteile liegen hier in der pragmatischen Erstellung, Durchführung und Auswertung der Daten. Dabei lassen sich bei der Online-Befragung hinsichtlich Datenqualität und Reliabilitätswerten im Vergleich zu schriftlichen Befragungen keine signifikanten Unterschiede feststellen (Tuten, 2002, S. 14). Bei der

Akquise wurden zunächst KMU´s in der Metropolregion Hamburg angesprochen. Im Fokus standen dabei Unternehmen, die eigene Produkte oder Dienstleistungen herstellen und somit ein Innovationsumfeld unterstellt werden konnte. Die Kontaktaufnahme erfolgte über die Personalabteilung bzw. direkt über die Geschäftsführung. In den Telefonaten wurden die Ziele der Untersuchung vorgestellt oder in Form eines Exposé nachläufig per E-Mail versendet. In zwei Fällen wurden Termine mit der Geschäftsführung vor Ort wahrgenommen. Über diesen Akquiseweg konnte von insgesamt 12 angesprochenen Unternehmen ein Unternehmen gewonnen werden. Der Geschäftsführung wurde der Link zur Befragung per E-Mail geschickt. Anschließend wurde der Link an die Mitarbeiter des Unternehmens verteilt.

Als zweiter Akquiseweg wurde die Ansprache von Mitarbeitern (Angestellte/Facharbeiter und Führungskräfte) in KMU´s durchgeführt. Hierbei wurden in Frage kommende Personen direkt über die Unternehmensseiten (Ansprechpartner) angesprochen. Ferner wurde über das Business-Portal „XING" in Foren um die Teilnahme an der Befragung geworben. Ebenfalls für die Befragung beworben wurden die Portale „LinkedIn" und „Facebook"

7.2 Stichprobenbeschreibung

Insgesamt wurden aus der Befragung 91 Rückmeldungen generiert. Davon hatten 15% der Teilnehmer (absolut 14 Personen) bei dem Item – Anzahl der Beschäftigen in ihrem Unternehmen – größer 250 angegeben. Nach der Definition dieser Untersuchung entspricht das nicht mehr der Kategorie KMU, weshalb diese Datensätze nicht in der Stichprobe berücksichtigt wurden. Die Stichprobe umfasst somit 77 Teilnehmer aus unterschiedlichen Unternehmen und Branchen. Von den Befragten sind 53% männlich und 44% weiblich (3% Missing Data). Die größte Häufigkeit bei der Altersstruktur der Befragten war in der Gruppe 25 -35 Jahre. Bei der Ausbildung hatten die Befragten am Häufigsten einen Universitätsabschluss (42,9%) gefolgt von einem Fachhochschulabschluss (39%). Bei den Funktionsbereichen, also Tätigkeitsschwerpunkten, lag Beratung/Consulting mit 32,5% an der Spitze. Die nächste Gruppe - Vertrieb – folgte mit 14,5%. Als dritter Block ist die Unternehmensführung mit 10,2% vertreten. Der Anteil der Befragten mit Personalverantwortung lag bei 44,6%. Auf der folgenden Seite wird noch einmal eine Zusammenfassung der Stichprobe in tabellarischer Form gegeben.

Variable	Skalierung	Häufigkeit	Prozent	N
Geschlecht der Befragten	Männlich	41	53,2%	77
	Weiblich	34	44,2%	
Alter der Befragten	< 25 Jahre	2	2,6%	77
	25 - 35 Jahre	40	51,9%	
	36 - 45 Jahre	20	26,0%	
	46 - 55 Jahre	12	15,6%	
	56 - 65 Jahre	2	2,6%	
	> 65 Jahre	1	1,3%	
Unternehmenszugehörigkeit der Befragten	Weniger als 2 Jahre	16	20,8%	77
	2 - 5 Jahre	28	36,4%	
	6 - 10 Jahre	15	19,5%	
	> 10 Jahre	16	20,8%	
Ausbildung der Befragten	Fachausbildung	3	3,9%	77
	Studium (FH)	5	6,5%	
	Studium (Uni)	33	42,9%	
	Promotion	30	39,0%	
	Sonstige	4	5,2%	
Tätigkeitsbereich	Consulting, Beratung	25	32,5%	77
	Einkauf, Materialwirtschaft, Logistik	2	2,6%	
	Finanzen, Rechnungswesen	3	3,9%	
	Forschung und Entwicklung	4	5,2%	
	Grafik, Design, Gestaltung	3	3,9%	
	Marketing, Produktentwicklung	2	2,6%	
	Öffentlichkeitsarbeit, PR	1	1,3%	
	Organisation, Verwaltung	3	3,9%	
	Personal	6	7,8%	
	Planung, Controlling	2	2,6%	
	Produktion, Herstellung	3	3,9%	
	Programmierer, Webentwickler	2	260,0%	
	Recht	1	1,3%	
	Unternehmensführung	8	10,4%	
	Vertrieb	11	14,3%	
Personalverantwortung	Ja	33	44,6%	77
	Nein	41	55,4%	

Abbildung 10: Soziodemografische Merkmale der Befragten

62

Bei den zu beurteilenden Geschäftsführern stellt sich das Bild wie folgt dar: Insgesamt wurden 77 Geschäftsführer befragt. Bei der Auswahl der zu bewertenden Geschäftsführer wurde im Fragebogen darauf hingewiesen, dass derjenige Geschäftsführer ausgewählt werden soll, den man am Charismatischsten ansieht. Der Großteil der zu bewerteten Geschäftsführer ist männlich (87%). Der Anteil weiblicher Geschäftsführer war lediglich 9% vertreten. Enthaltungen hatten demnach einen Anteil von 4%. Bei der Altersstruktur der Geschäftsführer wurde die Gruppe 46 – 55 Jahre am Häufigsten genannt (48,1%). Gefolgt von der Altersgruppe 56 – 65 Jahre (26%) und der Gruppe 36 – 45 Jahre (18,2%). Die größten Häufigkeiten bei der Ausbildung der Geschäftsführer lagen beim Universitätsabschluss (67%). Es folgte die Promotion (12%) und der Fachhochschulabschluss (10,5%). Bei der Unternehmenszugehörigkeit der Geschäftsführer war der größte Anteil bei der Gruppe größer 10 Jahre (57%). Es folgte die Gruppe 2 – 5 Jahre (22%) und die Gruppe 6 – 10 Jahre (15,6%). Bei der Branche war der am häufigsten genannte Bereich – Sonstige Dienstleistungen – (36,8%). Es folgten die Finanzdienstleistungen (14,5%) und der Maschinen- und Anlagenbau (10,5%). Nachfolgend aufgeführt werden noch einmal die Merkmale aus der Stichprobe hinsichtlich Geschäftsführer und Unternehmen dargestellt.

Variable	Skalierung	Häufigkeit	Prozent	N
Geschlecht der Geschäftsführung	Männlich	67	87,0%	74
	Weiblich	7	9,1%	
Alter der Geschäftsführung	25 - 35 Jahre	2	2,6%	77
	36 - 45 Jahre	14	18,2%	
	46 - 55 Jahre	37	48,1%	
	56 - 65 Jahre	20	26,0%	
	> 60 Jahre	4	5,2%	
Unternehmenszugehörigkeit der Geschäftsführung	Weniger als 2 Jahre	4	5,2%	77
	2 - 5 Jahre	17	22,1%	
	6 - 10 Jahre	12	15,6%	
	> 10 Jahre	44	57,1%	
Ausbildung der Geschäftsführung	Fachausbildung	5	6,5%	77
	Studium (FH)	8	10,4%	
	Studium (Uni)	51	66,2%	
	Promotion	9	11,7%	
	Sonstige	3	3,9%	
Alter des Unternehmens	Weniger als 2 Jahr	1	1,3%	77
	2 - 5 Jahre	5	6,5%	
	6 - 10 Jahre	9	11,7%	
	> 10 Jahre	62	80,5%	
Unterehmensgröße (Anzahl Mitarbeiter)	1 - 9 MA	4	5,2%	77
	10 - 49 MA	29	37,7%	
	50 - 249 MA	44	57,1%	
Branche	Automobil- und Fahrzeugbau	1	1,3%	77
	Baugewerbe und Immobilien	1	1,3%	
	Elektrotechnik und Mechanik	3	3,9%	
	Finanzdienstleistungen	11	14,3%	
	Gesundheitswirtschaft	4	5,2%	
	Handel	1	1,3%	
	Informationstechnologie	5	6,5%	
	Maschinen- und Anlagenbau	8	10,4%	
	Medienwirtschaft	5	6,5%	
	Öffentlicher Bereich	1	1,3%	
	Produktion, Herstellung	6	7,8%	
	Wissenschaft, Forschung, Lehre	2	2,6%	
	Sonstige Dienstleistungen	28	36,4%	

Abbildung 11: Geschäftsführer- und Unternehmensmerkmale

7.3 Fragebogen- und Skalenentwicklung

In diesem Unterkapitel wird die Fragebogenkonstruktion erläutert, welche dem Wirkmodell zu Grunde liegt. Zunächst werden die einzelnen Skalen zu den Themen Führungsstil, organisationales Commitment, Innovationsbereitschaft und -leistung sowie Unternehmenserfolg vorgestellt. Die nachfolgende Abbildung zeigt den Aufbau des Fragebogens in grafischer Form.

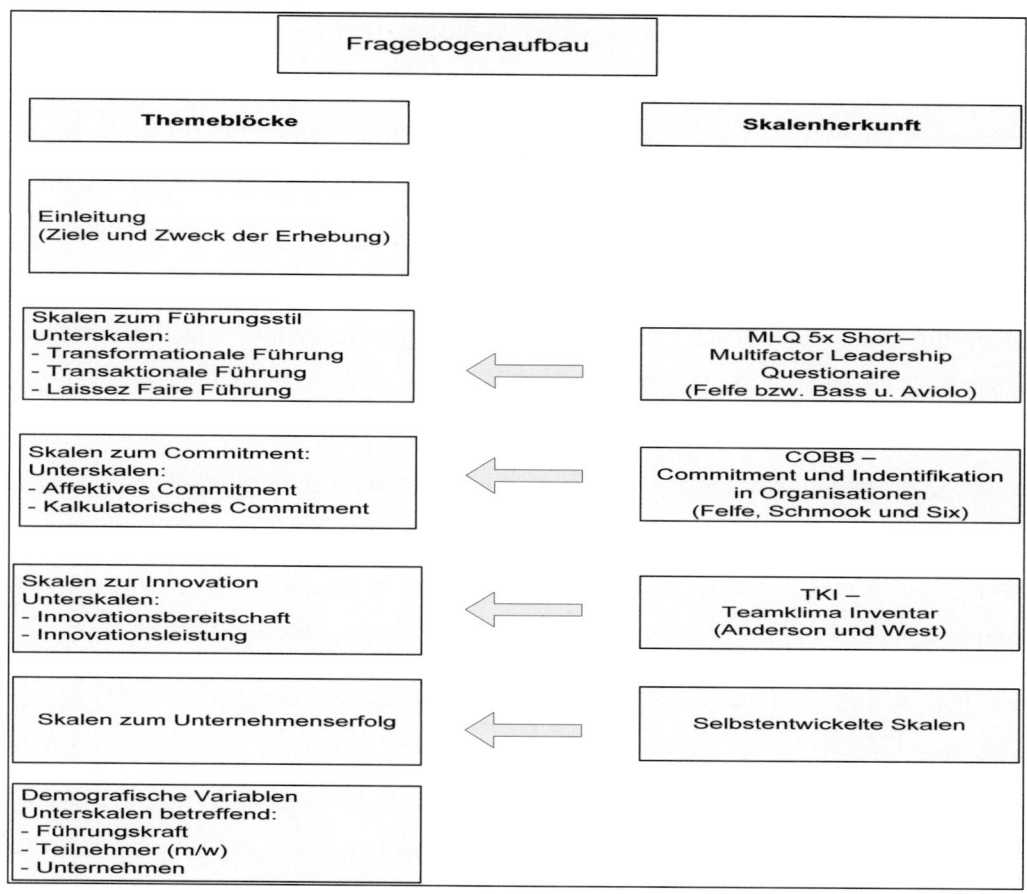

Abbildung 12: Fragebogenaufbau

7.3.1 Fragen zum Führungsstil

Zur Erfassung der Führungsstile transformational, transaktional und Laissez Faire wurde die deutsche Version des Multifactor Leadership Questionaire - MLQ 5x Short von Felfe verwendet. Die deutsche Fassung basiert auf dem von Bass und Avolio entwickelten MLQ Fragebogen. Die Items zur transformationalen Führung sind in vier Skalen gegliedert, analog den vier I's von Bass und Avolio. Die erste Skala betrifft den idealisierten Einfluss (IIa). Die

Items fragen nach Respekt und Stolz, welche die prägnante Vorbildfunktion der transformationalen Führungskraft anspricht mit der die Mitarbeiter beeinflusst werden sollen. Die Mitarbeiter honorieren die Vorbildfunktion der Führungskraft mit Bewunderung und Respekt. Die nächste Skala (IIb) fragt nach dem idealisierten Einfluss bezogen auf das Verhalten der Führungskraft. Konkret wird nach der Berücksichtigung von ethisch-moralischen Konsequenzen der Entscheidungen sowie den wichtigsten Überzeugungen und Werten gefragt, welche die Führungskraft an sich und ihre Mitarbeiter stellt. Die Mitarbeiter honorieren dieses Verhalten durch Respekt, Bewunderung und Vertrauen (Felfe, 2005, S. 150). Als zweite Skala kommt die inspirierende Motivation (IM) zum Tragen. Gefragt wird hier, ob die Führungskraft eine attraktive Vision überzeugend vermitteln kann und ob sie mit Begeisterung hinter den Zielen steht, die erreicht werden sollen. Entscheidend dabei ist, dass die Führungskraft authentisch von der eigenen Vision überzeugt ist und ihre Mitarbeiter somit ebenfalls davon überzeugt. Ferner gibt sie gleichzeitig Zuversicht, dass die damit verbundenen Erwartungen auch erreichbar sind. Die nächste Skala ist die intellektuelle Stimulierung (IS), bei der gefragt wird, ob die Führungskraft ihre Mitarbeiter zu neuen Denkweisen anregt und bisheriges hinterfragt. Lösungen werden in diesem Zusammenhang als Chance verstanden. Die letzte transformationale Skala ist die individuelle Berücksichtigung (IC). Gefragt wird, ob die Führungskraft individuelle Bedürfnisse, Fähigkeiten und Ziele der Mitarbeiter berücksichtigt. Auch nach der Entwicklung der Stärken der Mitarbeiter wird in diesem Zusammenhang gefragt. Dabei agiert die transformationale Führungskraft als Mentor.

Felfe (2005, S. 151-153) hat in der Entwicklung der deutschen Fassung des MLQ herausgefunden, dass charismatische Führungskräfte ebenfalls anziehend auf Mitarbeiter wirken und bevorzugt ihre Nähe und Zusammenarbeit wünschen. Daher hat Felfe den MLQ um die Subskala Charisma (Cha) erweitert und den transformationalen Variablen zugeordnet. Die Items dieser Skala fragen wie wichtig es für die Mitarbeiter ist, mit der Führungskraft zu tun zu haben und ob die Führungskraft mit ihrer Persönlichkeit eine Faszination bei den Mitarbeitern erzeugt.

In der nachfolgenden Abbildung sind noch einmal die Dimensionen zur transformationalen Führung und den dazugehörenden Items dargestellt.

Skala	Führungsstil	Subdimension	Item / Die Person, die ich einschätze,…
IIa	Transformational	Idealized Influence attribution	handelt in einer Weise, die bei mir Respekt erzeugt.
			strahlt Stärke und Vertrauen aus.
			macht ich stolz darauf, mit ihr zu tun zu haben.
IIb	Transformational	Idealized Influence behavior	berücksichtigt die moralischen und ethischen Konsequenzen von Entscheidungen
			spricht mit anderen über ihre wichtigsten Überzeugungen und Werte
IM	Transformational	Inspirational Motivation	formuliert eine überzeugende Zukunftsvision.
			spricht mit Begeisterung über das, was erreicht werden soll.
IS	Transformational	Intellectual Stimulation	überprüft stets aufs neue, ob zentrale/wichtige Annahmen noch angemessen sind.
			sucht bei der Lösung von Problemen nach unterschiedlichen Perspektiven
IC	Transformational	Individualized Consideration	erkennt meine individuellen Bedürfnisse, Fähigkeiten und Ziele.
			hilft mir, meine Stärken auszubauen.
Cha	Transformational	Charisma	ist für mich so wichtig, dass ich den Kontakt zu ihr/pflege.
			vermag mich durch Ihre Persönlichkeit zu beeindrucken und zu faszinieren.

Abbildung 13: Items – Transformationale Führung

Als nächste Führungsstile werden im MLQ die transaktionale Führung und die Laissez Faire-Führung erfasst. Die erste transaktionale Dimension ist die bedingte Belohnung (CR). Gefragt wird, ob die Führungskraft ihre Erwartung hinsichtlich Ziele und Belohnung bei Erreichung klar kommuniziert. Auch wird nach der Verantwortlichkeit, also wer ist für welche Leistung zuständig, gefragt. Die zweite transaktionale Skala betrifft das Management by Exception aktiv (MbEa). Hier fungiert die Führungskraft mehr als Controller, der bestehende Vorgehensweisen auf Einhaltung überprüft und bei Abweichungen korrigierend einschreitet. Dabei nimmt die Führungskraft eine aktive Kontrollfunktion wahr, sodass vor Eintreten der Abweichung die Führungskraft bereits tätig wird. Gefragt wird, wie aktiv die Führungskraft sich um Fehler und Beschwerden kümmert sowie um deren Nachverfolgung. Die passive Variante dieser Dimension ist das Management by Exception passiv (MbEp). Hier schreitet die Führungskraft erst aktiv ein, wenn ein Problem bereits entstanden ist. Ansonsten bleibt sie in ihrer passiven Führungsrolle. Dementsprechend fragen die Items zu dieser Skala, ob die Führungskraft Fehler vernachlässigt bis sie zu einer ernsten Bedrohung werden. Die letzte Skala betrifft die Laissez Faire-Führung (LF). Die Führungskraft verweigert hier die Führung, verfällt in Passivität und nimmt somit keinen Einfluss auf Entscheidungen. Diese Tatenlosigkeit führt dann zu neuen Problemen (Felfe, 2005, 35-36). Die Items formulieren daher, ob die Führungskraft wichtige Fragen sofort klärt und ob die Führungskraft ohne zu zögern Entscheidungen trifft.

Zur Überprüfung des Führungserfolges verwendet der MLQ eine weitere Dimension, die Erfolgskriterien. Die erste Dimension beinhaltet den Extra Erfolg (EEF), die der Betrachtung zu Grunde liegt, wie es der Führungskraft gelingt, bei den Mitarbeitern extra Anstrengungen abzurufen. Als weitere Dimension wird die Effizienz des Führungserfolges gemessen (EFF). Hier wird die wahrgenommene Leistung der Führung über entsprechende Items abgefragt.

Die letzte Dimension aus diesem Block betrifft die Zufriedenheit mit der Führungskraft (SAT).

Der MLQ geht davon aus, dass die Korrelation innerhalb der transformationalen Dimensionen hoch ist und mit transaktionalen Dimensionen schwach ausgeprägt korrespondiert (Felfe, 2005, S. 53). In der nachfolgenden Abbildung werden noch einmal die Dimensionen mit den entsprechenden Items dargestellt.

Skala	Führungsstil	Subdimension	Item / Die Person, die ich einschätze,...
CR	Transaktional	Contingent Reward	spricht klar aus, was man erwarten kann, wenn die gesteckten Ziele erreicht worden sind.
			macht deutlich, wer für bestimmte Leistungen verantwortlich ist.
MBEa	Transaktional	Management by Exception acitve	kümmert sich in erster Linie um Fehler und Beschwerden.
			verfolgt alle Fehler konsequent.
MBEp	Transaktional	Management by Exception passiv	versäumt es, sich um die Probleme zu kümmern, bis sie wirklich ernst geworden sind.
			wartet bis etwas schief gegangen ist, bevor sie etwas unternimmt.
LF	Laissez Faire	Vermeidung / Verweigerung von Führung	klärt wichtige Fragen sofort.
			trifft schnell und ohne zu Zögern ihre Entscheidungen.
SAT	Satisfaction with Leader	Interne Erfolgskriterien	sorgt durch ihr Führungsverhalten für Zufriedenheit
			gestaltet die Zusammenarbeit so, dass ich wirklich zufrieden bin.
EEF	Extra Effort	Interne Erfolgskriterien	bringt mich dazu, mehr zu schaffen als ich ursprünglich erwartet habe.
			erhöht meine Bereitschaft, mich stärker anzustrengen.
EFF	Effiency	Interne Erfolgskriterien	setzt sich effektiv für meine (beruflichen) Bedürfnisse und Interessen ein.
			kann eine Gruppe effektiv führen.

Abbildung 14: Items - Transaktionale Führung, Laissez Faire und Erfolgskriterien

Die Items berücksichtigen eine 5er Likertskala. Die Fragen können von „nie" bis „immer" beantwortet werden.

7.3.2 Fragen zum organisationalen Commitment

Der nächste Themenblock im Online-Fragebogen behandelt das organisationale Commitment. Eingesetzt wurden die von Felfe, Schmook und Six (2010, S. 39-43) entwickelten Skalen des Fragebogens *Commitment zur Organisation, Beruf und Beschäftigungsform (COBB)*. Die Skalen basieren auf dem Drei-Komponenten-Modell von Meyer und Allen sowie von Stingl-hammer et al. (1990) Grundlage dieser Skalen ist die Erfassung und Differenzierung von affektivem, normativem und kalkulatorischem Commitment, wie in Kapitel 4 beschrieben. Insbesondere das affektive Commitment ist in dieser Untersuchung von Interesse, da es als moderierenden Variable zwischen transformationaler Führung, Innovationsleistung und dem Unternehmenserfolg wirken soll. Des Weiteren differenziert dieses Instrument zwischen Commitment und Identifikation. Die Identifikation wird durch die Skalen *Beruf*, *Karriere* und *Beschäftigungsform* nach dem Modell von Meyer und Allen (1990) erfasst. Gemäß dem Wirkmodell dieser Untersuchung ist lediglich das Commitment gegenüber der Organisation interessant, sodass nur diese Skalen zum Einsatz kommen. Auf die Skalen zum normativen

Commitment wurde verzichtet, da angenommen wird, dass Effekte von transformationalen Führungskräften vor allem auf das affektive Commitment oder das kalkulatorische Commitment als Gegenpol wirken.

Es bestehen fünf Items zum affektiven Commitment und formulieren einen emotional positiven Bezug zur Organisation (z. B. „ich bin stolz darauf, dieser Organisation anzugehören etc.) Lediglich ein Item hat eine negative Formulierung („ich fühle mich emotional nicht sonderlich mit dieser Organisation verbunden) und dient als Kontroll-Item. Die Skala zum kalkulatorischen Commitment besteht aus insgesamt vier Items. In der folgenden Abbildung werden die angepassten Skalen noch einmal dargestellt.

Skala	Dimension	COBB Items
OCA	Affektives Commitment	Ich wäre sehr froh, mein weiteres Arbeitsleben in dieser Organisation verbringen zu können
	Affektives Commitment	Ich fühle mich emotional nicht sonderlich mit dieser Organisation verbunden
	Affektives Commitment	Ich bin stolz darauf, dieser Organisation anzugehören
	Affektives Commitment	Ich empfinde ein starkes Gefühl der Zugehörigkeit zu meiner Organisation
	Affektives Commitment	Ich denke, dass meine Wertvorstellungen zu denen der Organisation passen
OCC	Kalkulatorisches Commitment	Es wäre mit zu vielen Nachteilen für mich verbunden, wenn ich momentan dieses Organisation verlassen würde
	Kalkulatorisches Commitment	Zu vieles in meinem Leben würde sich verändern, wenn ich diese Organisation jetzt verlassen würde
	Kalkulatorisches Commitment	Ich glaube, dass ich momentan zu wenige Chancen habe, um einen Wechsel der Organisation ernsthaft in Erwägung zu ziehen
	Kalkulatorisches Commitment	Ich habe schon zu viel Kraft und Energie in diese Organisation gesteckt, um jetzt noch an einen Wechsel zu denken
	OCA = Affektives Commitment, OCC = Kalkulatorisches Commitment	

Abbildung 15: Items - Organisationales Commitment

Als Skalierung kam ebenfalls eine 5er Likertskala zum Einsatz. Die Befragten konnten von „trifft überhaupt nicht zu" bis „trifft voll zu" die Fragen beantworten.

7.3.3 Fragen zur Innovationsbereitschaft und Innovationsleistung

Die Innovationsbereitschaft folgt im Online-Fragebogen als nächster Themenkomplex und stellt die Voraussetzung für die Innovationsleistung dar. Die hier zur Anwendung kommenden Skalen basieren auf dem Teamklima-Inventar (nachfolgend TKI) von Anderson und West (1998, S. 235-258), den Brodbeck und Maier (2001, S. 1) ins deutsche adaptiert haben. Maßgeblich für die Entscheidung der Verwendung der TKI-Skalen ist neben den zufriedenstellenden empirischen Erfahrungen, eine gute Passung von Items für die Bereiche Innovationsbereitschaft in dieser Untersuchung. Die Items entstammen aus der vierten Phase Unterstützung für Innovationen des TKI´s und beschreiben die Bereitschaft und Umsetzung von Innovationen im organisationalen Kontext. Die Adaption der Items wurde für diese Untersuchung von der Formulierung *Unterstützung der Gruppe* auf die Formulierung *Unterstützung der Geschäftsführung* verändert. Das Original lautet: „Die Teammitglieder geben praktische Unterstützung für neue Ideen und deren Verwirklichung" (Brodbeck & Maier, 2001, S. 9) und wurde in „Die Geschäftsführung gibt praktische Unterstützung für neue Ideen und deren Verwirklichung" verändert. Ein weiteres angepasstes Item ist „In meinem Unternehmern werden wir bei der Entwicklung neuer Ideen von der Geschäftsführung prompt und bereitwillig unterstützt". Das Orginalitem lautet „Wir werden bei der Entwicklung neuer Ideen prompt und bereitwillig unterstützt" (Brodbeck & Maier, S. 2).

Skala	Items - Innovationsbereitschaft
InnoB	In meinem Unternehmen wird die Entwicklung neuer Ideen von der Geschäftsführung prompt und bereitwillig unterstützt.
	In meinem Unternehmen sind wir Veränderungen gegenüber aufgeschlossen und empfänglich.
	In meinem Unternehmen suchen wir ständig nach neuen Wegen, Probleme zu betrachten.
	In meinem Unternehmen bewegen wir uns ständig auf die Entwicklung neuer Antworten zu.
	In meinem Unternehmen nehmen wir uns die Zeit, die wir brauchen, um neue Ideen zu entwickeln.
	In meinem Unternehmen arbeiten wir zusammen, um neue Ideen zu entwickeln und zu verwirklichen.
	In meinem Unternehmen werden Ressourcen zur Verfügung gestellt, um bei der Realisierung neuer Ideen zu helfen.
	In meinem Unternehmen gibt die Geschäftsführung praktische Unterstützung für neue Ideen und deren Verwirklichung.

Abbildung 16: Items - Innovationsbereitschaft

Die Items sind ebenfalls mit einer 5er-Likertskala versehen worden. Die Bezeichnung der Skala reicht von „nie" bis „immer".

Die Frage nach der (subjektiven) Innovationsleistung erfolgt durch das Item „Mein Unternehmen ist im Vergleich zu unseren Wettbewerbern innovativer", welches gleichzeitig die Skala darstellt, wie in unten aufgeführter Darstellung zu erkennen ist.

Skala	Subskala Innovationsbereitschaft
InnoL	...ist im Vergleich zu unseren Wettbewerbern innovativer.

Abbildung 17: Item - Innovationsleistung

7.3.4 Fragen zum Unternehmenserfolg

Der letzte Themenblock fragt nach dem subjektiven Unternehmenserfolg. Wie in Kapitel 5 beschrieben, werden hier weiche Faktoren zum Unternehmenserfolg abgefragt. Die Skalen stammen aus verschiedenen empirischen Untersuchungen und wurden für die Untersuchungen auf eine subjektive Beschreibung verändert. Unten wird ein Überblick der Fragen zum Unternehmenserfolg abgebildet.

Skala	Items - Unternehmenserfolg
UE	...kann sich gegen Wettbewerber behaupten.
	...erreicht seine Ziele.
	...gelingt es neue Kunden zu gewinnen.
	...konnte den Umsatz im Vergleich zu unseren Wettbewerbern erhöhen.
	...hat bisherige Krisen besser gemeistert als unsere Wettbewerber.
	...musste Mitarbeiter aufgrund von wirtschaftlichen Gründen entlassen.
	...ist wirtschaftlich profitabel.

Abbildung 18: Items - Unternehmenserfolg (subjektiv)

Auch hier wurde eine 5er Likertskala mit der Einschätzung von „Trifft überhaupt nicht zu" bis „Trifft voll zu" gewählt.

7.3.5 Soziodemografische und weitere Skalen

Bei den soziodemografischen Variablen wird in dieser Untersuchung unterschieden zwischen den Befragten und der zu beurteilenden Geschäftsführung. Bei beiden Teilnehmergruppen wird nach dem Geschlecht, Alter (Intervall), der Ausbildung und der Betriebsangehörigkeit gefragt. Bezüglich des Unternehmens wird nach dem Alter und der Anzahl der Beschäftigten gefragt. Bei der letzten Frage geht es um die Abgrenzung von KMU´s zu Großunternehmen.

7.4 Messgüte der Skalen

Zur Überprüfung des Konstrukts auf Validität und Reliabilität wird zunächst eine Itemanalyse durchgeführt. Die Qualität der Items stellt hierbei eine wichtige Grundlage dar, um eine aussagefähige Messung zu erhalten. Hierzu werden Items zunächst auf Reliabilität und Validität überprüft. Die Reliabilität drückt die Präzision einer Messung aus, also wie genau ein Merkmal gemessen wurde (Kubinger et al., 2011, S. 32). Die Validität bestimmt die Korrektheit einer Messung. Betrachtet wird, in wie weit das jeweilige Merkmal, das man plant zu messen, auch erfasst wird. Innerhalb der Validität existieren drei unterschiedliche Arten. Die Inhaltsvalidität bestätigt die Erfassung des wichtigsten Aspekts aus einem zu messenden Konstrukt. Die Kriteriumsvalidität stellt die nächste Validitätsart dar und ist gegeben, wenn die Messung eines latenten Merkmals mit einem deutlichen Merkmal entspricht oder korreliert. Die Konstruktvalidität liegt dann vor, wenn aus einem Modell Hypothesen erklärbar sind, die durch Tests bestimmt werden können (Bortz, Döring, 2006, S. 200-201).

7.4.1 Faktorenanalyse

Um die beobachteten Variablen (Items), die untereinander unterschiedlich stark zusammen-hängen, auf nicht direkt beobachtete unabhängige Faktoren zurückführen zu können, wird in dieser Untersuchung auf die Faktorenanalyse zurückgegriffen (Kubinger et al., 2010, S. 532). Die Umsetzung der Analyse wurde in SPSS 20.0 über die Funktion Faktorenanalyse (Haupt-komponentenanalyse) durchgeführt. Die Faktorladungen sollten bei der Berechnung signifi-kant sein. Dabei stellen Faktorladungen einen Korrelationskoeffizienten zwischen dem beobachteten Merkmal und dem unbeobachteten unabhängigen Faktor dar (Kubinger et al., 2010, S. 530). Ladungen mit Werten ab .71 sind als hervorragend einzuschätzen. Werte ab .55 werden als gut angesehen. Als unzureichend werden Werte unterhalb von .32 angesehen. Ebenso ist auf die Kommunalität bei der Berechnung zu achten. Sie stellt die quadrierten Faktorladungen dar und zeigt den Anteil der Varianz eines Items an, der durch den betreffen-den Faktor erkannt wird. Als hervorragende Signifikanz wird ein Wert ab .50 gesehen. Ein Wert von .30 wir immer noch als gut eingestuft. Als unzureichend wird ein Wert unterhalb von .10 angesehen (Comrey & Lee, 1992, S. 206).

In dieser Untersuchung sind 71 Items enthalten, die sich aus den Bausteinen Führung (MLQ), organisationales Commitment (COBB), Innovationsbereitschaft (InnoB), Innovationsleistung (InnoL) und Unternehmenserfolg (UE) entsprechend dem Wirkmodell (Konstrukt) zusam-mensetzen.

Aufgrund der Vielzahl von Untersuchungen mit dem MLQ 5X-Short, konnten hohe Interkor-relationen zu den einzelnen Subskalen von transformationaler und transaktionaler Führung nachgewiesen werden. So hat Felfe in seiner Untersuchungen für den transformationalen Bereich zwei Faktorladungen erhalten. Die erste Ladung beinhaltet die Items zu den Skalen attribuierter idealisierter Einfluss (IIa), intellektuelle Stimulierung (IS), individuelle Wert-schätzung (IC). Zusätzlich wurden Items zu den Skalen der emotionalen Bindung und dem Einfluss charismatischer Ausstrahlung geladen, diese wurden in der Skala Charisma (Cha) zusammengefasst (Felfe, 2006, S. 132). Die zweite Ladung hat die Items zu den Skalen idealisierter EinflussVerhalten (IIb), inspirierende Motivation (IM) und das transaktionale Item bedingten Belohnung aufgeklärt. Hinsichtlich der transaktionalen Skala *bedingte Belohnung* konnte Felfe kein separates Konstrukt feststellen, da die Nähe zum transformatio-nalen Bereich sehr hoch ist. Die Interkorrelationen lagen insgesamt zwischen r=.63 bis r=.86 und sind als hoch einzustufen (Eisenbeiß, 2010, S.132). Die transaktionalen Items zu den

Skalen *Management by Exception aktiv (MbEa)*, *Management by Exception passiv (MbEp)* sowie der Nicht-Führung, *Laissez Faire (LF)*, haben jeweils eigene Faktoren geladen und konnten somit sauber abgegrenzt werden (Felfe, 2006, S. 132).

Als nächster Baustein des Wirkmodells wird das organisationale Commitment auf Validität beleuchtet. Dieser Baustein umfasst die Commitment-Arten affektives Commitment (AC) und kalkulatorisches Commitment (OCC). Die Faktorenanalyse hat eine erwartete 2-Faktoren-Lösung bei einer obliquer Rotation ergeben. Die Varianz der ersten Ladung klärte 48,024% auf und vereinte die Items zum affektiven Commitment, welche die höchsten Interkorrelationen auswiesen. Die Items zum kalkulatorischen Commitment waren folglich auf der zweiten Ladung zu finden. Die Interkorrelationen lagen zwischen $r = .508$ und $r = .831$. Bei den Items „Ich glaube, dass ich momentan zu wenig Chancen habe, um einen Wechsel des Unternehmens in Erwägung zu ziehen" ergab sich eine Parallelladung. Dabei wurden auf der ersten Ladung eine negative Interkorrelation von $r = -.330$ und eine positive Interkorrelation auf der zweiten Ladung von $r = .594$ ermittelt. Auch das Item „Ich habe schon zu viel Kraft und Energie in das Unternehmen gesteckt, um jetzt noch an einen Wechsel zu denken" zeigte eine Parallelladung. Bei der ersten Ladung erzeugte das Item eine Interkorrelation von $r = .330$ und in der zweiten Ladung eine Interkorrelation von $r = .508$. Insgesamt zeigten die Ladungen und Interkorrelationen die erwartete Struktur, sodass die Skalen eine verlässliche Messung gewährleisten.

Der Baustein Innovationsbereitschaft umfasste insgesamt 8 Items, die sich aus der Innovationsbereitschaft sowie der Unterstützung für Innovationen zusammensetzten. Die erste Ladung vereinte 70,056% Varianz auf sich. Die Interkorrelation lag zwischen $r = .816$ und $r = .860$, welches eine hohe Validität darstellt und die erwartete Struktur bestätigt.

Der nächste Baustein des Wirkmodells repräsentiert die Innovationsleistung. Hierzu wurde nur ein Item eingesetzt, dass die Leistung bzw. den Output wiedergeben soll. Das Item „Unser Unternehmen ist innovativer als der Wettbewerb" dient hier zur Messung der Innovationsleistung. Da diese Skala lediglich aus einem Item besteht, ist eine Validitätsanalyse nicht möglich.

Der letzte Baustein beleuchtet den Unternehmenserfolg und umfasste 7 Items. Die Faktorenanalyse hat eine 1-Faktorlösung ermittelt. Dabei sind 53,478% auf den Faktor geladen worden. Die Interkorrelationen lagen zwischen $r = .471$ und $r = .852$. Die schwächste Interkorrelation betraf das rekodierte Item „Mein Unternehmen musste Mitarbeiter auf Grund von wirtschaftlichen Gründen entlassen" (r = .471) und das Item „Mein Unternehmen ist wirtschaftlich profitabel". Insgesamt zeigte sich die Struktur der Skala als stabil und mit einer soliden Interkorrelation, sodass die Skala ihre erwartete Gültigkeit nachgewiesen hat.

7.4.2 Reliabilitätsanalyse

Als nächster Schritt in der vorbereitenden Datenanalyse sind die Reliabilitäten der Skalen zu ermitteln. Die Ermittlung der Reliabilität erfolgt über die interne Konsistenz. Eine interne Konsistenz in dann gegeben wenn alle Items das identische Konstrukt fehlerfrei messen (Kubinger et al., 2010, S. 32-33). Die geläufigste statistische Kenngröße für die Konsistenz ist Cronbachs Alpha-Koeffizient (Bortz, 2006, S. 198). Die erhobenen Werte skaliert der Koeffizient zwischen 0 und 1. Dabei wird ein Wert ab r = .70 als hinreichend eingestuft. Diesen Schwellwert nennt man auch Cut-off (Kubinger et. al, 2010, S. 538). Ein Effekt der Reliabilität ist, dass bei zunehmenden Werten die Reliabilität tendenziell steigt. Um diesem Effekt entgegenzuwirken ist eine Analyse der Items hinsichtlich Korrelationen vorzunehmen, um diejenigen Items zu identifizieren, die bei einer Löschung eine höhere Reliabilität der Skala bewirken.

In der Untersuchung wurden zunächst einzelne Skalen der transformationalen Führung auf interne Konsistenz untersucht. Der Alpha-Koeffizient lag hier zwischen r = .780 und r = .984 und weist damit zufriedenstellende Werte dar. Die Itemanalyse zu den transaktionalen Skalen lag der Alpha-Koeffizient zwischen r = .675 und r = .859. Da eine Löschung eines Items keine Verbesserung der Reliabilität bewirkte, wurden diese Skalen übernommen. Die Itemanalyse zur Skala affektives Commitment ergab einen Alpha-Koeffizienten von r = .930 und kann als signifikant beurteilt werden. Die Analyse der Items zur Skala kalkulatorisches Commitment wies dagegen nur einen Alpha-Koeffizient von r = .632 aus und ist somit als nicht signifikant einzustufen. Die Löschung von Items innerhalb der Skala hätte keine Verbesserung der Reliabilität ergeben, sodass die Skala so übernommen wurde. Die Skala Innovationsbereitschaft wies in der Itemanalyse einen signifikanten Alpha-Koeffizienten von r = .938 aus. Auf eine Löschung von Items wurde verzichtet, da die Analyse insgesamt keine Verbesserung der internen Konsistenz ergeben hätte, sodass diese Skala ohne Nachbearbeitung übernommen wurde. Die Innovationsleistung wurde mit nur einem Item definiert, sodass eine Itemanalyse in diesem Fall nicht darstellbar ist. Als letzte Itemanalyse wird die Skala Unternehmenserfolg beleuchtet. Die Skala weist eine signifikante Reliabilität von r = .829 aus.

Insgesamt kann festgestellt werden, dass alle Skalen zufriedenstellende Reliabilitäten auswiesen. Die Skalen *Management by Exception aktiv* und *kalkulatorisches Commitment* lagen knapp unter dem Cut-off von r = .70. Die weiteren Skalen lagen deutlich über dem Cut-off und zeigten somit eine zufriedenstellende interne Konsistenz.

8 Ergebnisse

Dieses Kapitel beginnt mit der Analyse der Verteilung und baut darauf folgend mit der Deskriptiven Statistik und der Interkorrelation auf. Da die Stichprobe Personen- und Unternehmensmerkmale beinhaltet werden Zusammenhänge zwischen Merkmalen der Geschäftsführer und den Führungsstilen dargestellt, wie auch Zusammenhänge zwischen Unternehmensmerkmalen und den Führungsstilen. Anschließen wird die Hypothesentestung durchgeführt.

8.1 Analyse der Verteilung

Die Analyse der Verteilung ist insbesondere für den anschließenden Hypothesentest von Bedeutung, da auf Grundlage der Verteilung die Korrelationsanalyse z. B. nach Pearson oder Spearman berechnet werden muss. Aufgrund der Größe der Stichprobe wird für diese Untersuchung der Kolmogorov-Smirnov-Test angewendet, da sich dieser Test für kleine Stichproben gut eignet (Raab-Steiner, & Bensch, 2008, S.123-125). Der Test ist verteilungsunabhängig und prüft die Nullhypothese, ob die Stichprobe von einer normalverteilten Grundgesamtheit abstammt. Dabei wird angestrebt, dass eine Variable kein signifikantes Ergebnis ermittelt, damit es normalverteilt ist (Raab-Steiner et al., 2008, S.122-124). Der Test auf Normalverteilung erfolgt über SPSS 20.0. Als Kenngröße zur Beurteilung ob es sich um eine Normalverteilung handelt wird der Z-Wert des Kolmogorov-Smirnov-Tests verwendet. Dieser Z-Wert bewertet eine Normalverteilung ab dem Wert .050 ($p > 0.50$).

Für die Ermittlung der Normalverteilung werden die Skalen analog dem Wirkmodell getestet. Zunächst wurden die transformationalen Skalen getestet. Anschließend folgten die Skalen zum Commitment, Innovationsbereitschaft, Innovationsleistung und Unternehmenserfolg. Wie die unten aufgeführte Abbildung erkennen lässt, sind alle Skalen normalverteilt. Die P-Werte lagen alle über $p = 0 50$ und die asymptotische Signifikanz weist pro Skala geringe Werte aus.

Variable	Z-Wert	p
Transformationale Führung - IIa	1,370	0,470
Transformationale Führung - IIb	1,627	0,100
Transformationale Führung - IM	1,272	0,790
Transformationale Führung - IS	1,479	0,250
Transformationale Führung - IC	2,320	0,000
Transformationale Führung - Cha	1,769	0,040
Transaktionale Führung - CR	1,696	0,060
Transaktionale Führung - MbEa	1,231	0,960
Transaktionale Führung - MbEp	1,261	0,830
Laissez Faire	1,438	0,032
Affektives Commitment	1,302	0,067
Kalkulatorisches Commitment	1,087	0,188
Innovationsbereitschaft	0,700	0,710
Innovationsleistung	1,642	0,009
Unternehmenserfolg	0,653	0,788
N=77		

Abbildung 19: Analyse der Normalverteilung

Wie in Abbildung 19 abgebildet weist die Mehrheit der Skalen einen p-Wert größer 0.05 aus und können als normalverteilt angesehen werden. Die transformationalen Skalen IC und CHA sowie die Skala Laissez Faire weisen p-Werte von unter 0.05 aus. Diese Skalen wurden daraufhin einer Rang-Korrelation (Spearman-Rho) unterzogen, um zu prüfen, ob sich die Rang-Korrelationskoeffizienten deutlich zum Pearson-Korrelationskoeffizienten unterscheiden. Die Überprüfung ergab eine marginale Differenz (.007 - .039), so dass von einer Normalverteilung für die weitere Berechnungen ausgegangen werden.

8.2 Deskriptive Statistiken und Korrelationen

Die Stichprobe weist zu den Variablen transformationale und transaktionale Führung bedingte Belohnung, affektives Commitment, Innovationsbereitschaft und Unternehmenserfolg die höchsten Mittelwerte aus. Dementsprechend niedrige Mittelwerte bilden die passiven Führungsstile sowie das kalkulatorische Commitment ab. Die Werte decken sich mit den Hypothesen aus dem Wirkmodell, worauf später detailliert eingegangen wird. Ebenfalls den Erwartungen des Wirkmodells entsprechend zeigt sich die Interkorrelation zwischen den einzelnen transformationalen und transaktionalen Skalen. Auffallend bei der transaktionalen Skala bedingte Belohnung ist der schwache Zusammenhang zur Innovationsleistung ($r = .272$, $p < .05$). Der Zusammenhang zwischen allen Führungsstilen und der Innovationsleistung sowie dem Unternehmenserfolg ist signifikant schwach ausgeprägt. Hingegen zeigen die Führungsstile zur Innovationsbereitschaft signifikant positive Zusammenhänge. Die Wirkung von affektivem Commitment, als moderierende Variable, auf die Innovationsbereitschaft, Innovationsleistung und dem Unternehmenserfolg zeigt ebenfalls signifikant positive Zusammenhänge. Unten aufgeführt werden noch einmal die Mittelwerte, Standardabweichungen und Interkorrelationen abgebildet.

Korrelationen																	
	Mittelwerte	Standard-abweichung	1	2	3	4	5	6	7	8	9	10	11	12	13	14	15
1 TF_Idealisierter Einfluss	3,399	1,087	1	,769**	,779**	,820**	,773**	,816**	,702**	,452**	-,594**	-,675**	,777**	,235*	,778**	,429**	,585**
2 TF_Idealisierter Einfluss (Verhalten)	3,368	1,124	,769**	1	,708**	,750**	,698**	,732**	,724**	,495**	-,501**	-,591**	,748**	,205	,785**	,347**	,407**
3 TF_Inspirierende Motivation	3,263	1,162	,779**	,708**	1	,783**	,711**	,744**	,699**	,379**	-,508**	-,602**	,649**	,295**	,708**	,435**	,469**
4 TF_Intellektuelle Stimulierung	3,307	1,127	,820**	,750**	,783**	1	,748**	,770**	,632**	,474**	-,465**	-,568**	,734**	,179	,773**	,439**	,489**
5 TF_Individuelle Wertschätzung	3,184	1,354	,773**	,698**	,711**	,748**	1	,722**	,781**	,404**	-,509**	-,601**	,710**	,158	,719**	,357**	,306**
6 TF_Charismatische Führung	3,169	1,253	,816**	,732**	,744**	,770**	,722**	1	,678**	,376**	-,435**	-,613**	,699**	,223	,739**	,353**	,402**
7 TA_Bedingte Belohnung	3,173	1,178	,702**	,724**	,699**	,632**	,781**	,678**	1	,505**	-,501**	-,725**	,663**	,177	,676**	,272*	,365**
8 TA_MbE aktiv	2,642	0,909	,452**	,495**	,379**	,474**	,404**	,376**	,505**	1	-,325**	-,492**	,433**	,056	,517**	,180	,214
9 TA_MbE passiv	2,671	0,995	-,594**	-,501**	-,508**	-,465**	-,509**	-,435**	-,501**	-,325**	1	,469**	-,458**	-,144	-,441**	-,300**	-,332**
10 Laissez Faire	2,727	1,087	-,675**	-,591**	-,602**	-,568**	-,601**	-,613**	-,725**	-,492**	,469**	1	-,548**	-,194	-,624**	-,390**	-,459**
11 Affektives Commitment	3,244	0,702	,777**	,748**	,649**	,734**	,710**	,699**	,663**	,433**	-,458**	-,548**	1	,181	,819**	,501**	,602**
12 Kalkulatorische Commitment	2,635	0,862	,235*	,205	,295**	,179	,158	,223	,177	,056	-,144	-,194	,181	1	,279*	-,005	,097
13 Innovationsbereitschaft	3,189	1,000	,778**	,785**	,708**	,773**	,719**	,739**	,676**	,517**	-,441**	-,624**	,819**	,279*	1	,488**	,536**
14 Innovationsleistung	3,085	1,025	,429**	,347**	,435**	,439**	,357**	,353**	,272*	,180	-,300**	-,390**	,501**	-,005	,488**	1	,638**
15 Unternehmenserfolg	3,862	0,693	,585**	,407**	,469**	,489**	,306**	,402**	,365**	,214	-,332**	-,459**	,602**	,097	,536**	,638**	1

N=77. *. Die Korrelation ist auf dem Niveau von 0,05 (2-seitig) signifikant. **. Die Korrelation ist auf dem Niveau von 0,01 (2-seitig) signifikant.

Abbildung 20: Mittelwerte, Standardabweichung und Interkorrelation

8.3 Explorative Analyse

Die explorative Analyse veranschaulicht den Zusammenhang zwischen den Merkmalen der Geschäftsführer und des Unternehmens mit den Skalen der Führungsstile und den abhängigen Variablen.

Bei dem Geschlecht gibt es keinen signifikanten Zusammenhang zu den Führungsskalen. Nennenswerte Zusammenhänge bestehen zwischen Geschlecht und bedingten Belohnung und dem Management by Exception aktiv. Weiterhin zeigt sich, dass das Alter der Geschäftsführung signifikant am stärksten mit der Laissez Faire Skala korreliert. Die transformationalen und transaktionalen Skalen zeigen zum Teil signifikant negative Korrelationen. Beim Zusammenhang zwischen Ausbildung der Geschäftsführung und den Führungsskalen konnten keine signifikanten Werte ermittelt werden. Auffallend ist, dass die Ausbildung der Geschäftsführung mit der der transformationalen Skala intellektuelle Stimulation am höchsten positiv korreliert. Beim Alter des Unternehmens zeigt sich der signifikant stärkste negative Zusammenhang zur transformationalen Skala Charisma. Nicht signifikant, aber nennenswert, ist die positive Korrelation zwischen Alter des Unternehmens und der Laissez Faire Skala.

Bei der Unternehmensgröße zeigt sich ebenfalls, dass die passiven Führungsskalen die signifikant stärksten Korrelationen aufweisen und die transformationalen Skalen signifikant negativ korrelieren. Die unten aufgeführte Abbildung gibt noch einmal einen Überblick der Korrelationen.

Korrelationen	1	2	3	4	5	6	7	8	9	10	11	12	13	14	15
1 Geschlecht der Geschäftsführung	1	-,103	-,062	,006	-,116	,130	,030	,074	,068	,054	,001	,125	,108	-,086	,023
2 Alter der Geschäftsführung	-,103	1	,046	,398**	,250*	-,348**	-,162	-,391**	-,282*	-,225	-,373**	-,304**	-,167	,139	,410**
3 Ausbildung der Geschäftsführung	-,062	,046	1	-,090	,027	,109	,071	,058	,033	-,078	,105	-,141	-,112	-,034	,065
4 Alter des Unternehmens	,006	,398**	-,090	1	,491**	-,183	-,099	-,216	-,140	-,181	-,232*	-,135	-,066	,026	,159
5 Größe des Unternehmen (MA)	-,116	,250*	,027	,491**	1	-,252*	-,225	-,230*	-,296**	-,184	-,145	-,269*	-,248*	,231*	,312**
6 TF_IIa	,130	-,348**	,109	-,183	-,252*	1	,769**	,779**	,820**	,773**	,816**	,702**	,452**	-,594**	-,675**
7 TF_IIb	,030	-,162	,071	-,099	-,225	,769**	1	,708**	,750**	,698**	,732**	,724**	,495**	-,501**	-,591**
8 TF_IM	,074	-,391**	,058	-,216	-,230*	,779**	,708**	1	,783**	,711**	,744**	,699**	,379**	-,508**	-,602**
9 TF_IS	,068	-,282*	,033	-,140	-,296**	,820**	,750**	,783**	1	,748**	,770**	,632**	,474**	-,465**	-,568**
10 TF_IC	,054	-,225	-,078	-,181	-,184	,773**	,698**	,711**	,748**	1	,722**	,781**	,404**	-,509**	-,601**
11 TF_CHA	,001	-,373**	,105	-,232*	-,145	,816**	,732**	,744**	,770**	,722**	1	,678**	,376**	-,435**	-,613**
12 TA_CR	,125	-,304**	-,141	-,135	-,269*	,702**	,724**	,699**	,632**	,781**	,678**	1	,505**	-,501**	-,725**
13 TA_MbEa	,108	-,167	-,112	-,066	-,248*	,452**	,495**	,379**	,474**	,404**	,376**	,505**	1	-,325**	-,492**
14 TA_MbEp	-,086	,139	-,034	,026	,231*	-,594**	-,501**	-,508**	-,465**	-,509**	-,435**	-,501**	-,325**	1	,469**
15 LF	,023	,410**	,065	,159	,312**	-,675**	-,591**	-,602**	-,568**	-,601**	-,613**	-,725**	-,492**	,469**	1

N=77 *. Die Korrelation ist auf dem Niveau von 0,05 (2-seitig) signifikant. **. Die Korrelation ist auf dem Niveau von 0,01 (2-seitig) signifikant.

Abbildung 21: Korrelation - Personen- u. Unternehmensmerkmale nach Führungsstilen

Neben der Betrachtung der Zusammenhänge zwischen Personen- und Unternehmensmerkmale nach Führungsstilen. Ist die Darstellung der Korrelation zwischen Personen- und Unternehmensmerkmalen sowie den abhängigen Variablen interessant.

Korrelationen	1	2	3	4	5	6	7	8
1 Geschlecht der Geschäftsführung	1	-,103	-,062	,006	-,116	,093	,019	,059
2 Alter der Geschäftsführung	-,103	1	,046	,398**	,250*	-,315**	-,259*	-,321**
3 Ausbildung der Geschäftsführung	-,062	,046	1	-,090	,027	,099	-,021	-,023
4 Alter des Unternehmens	,006	,398**	-,090	1	,491**	-,226	-,152	-,107
5 Größe des Unternehmen (MA)	-,116	,250*	,027	,491**	1	-,281*	-,187	-,357**
6 Innovationsbereitschaft	,093	-,315**	,099	-,226	-,281*	1	,488**	,536**
7 Innovationsleistung	,019	-,259*	-,021	-,152	-,187	,488**	1	,638**
8 Unternehmenserfolg	,059	-,321**	-,023	-,107	-,357**	,536**	,638**	1

N=77 *. Die Korrelation ist auf dem Niveau von 0,05 (2-seitig) signifikant.**. Die Korrelation ist auf dem Niveau von 0,01 (2-seitig)

Abbildung 22: Personen- u. Unternehmensmerkmale nach den abhängigen Variablen

Festzustellen ist bei dieser Betrachtung, dass das Geschlecht der Geschäftsführung keine signifikante Korrelation lieferte (87% der Geschäftsführer sind männlich). Der Prädiktor Alter der Geschäftsführung weist signifikant negative Zusammenhänge zu den abhängigen Variablen aus. Der stärkste negative Zusammenhang besteht zum Unternehmenserfolg. Bei dem Zusammenhang zwischen der Ausbildung der Geschäftsführung und den abhängigen Variablen konnte keine signifikante Korrelation festgestellt werden. Der einzige positive Zusammenhang besteht zur Innovationsbereitschaft. Das Alter des Unternehmens weist ebenfalls keine signifikanten Zusammenhänge zu den abhängigen Variablen aus. Die Zusammenhänge sind hier alle negativ, mit der stärksten Ausprägung zur Innovationsbereitschaft. Der Zusammenhang zwischen der Größe des Unternehmens und den abhängigen Variablen ist ebenfalls grundsätzlich negativ, jedoch teilweise signifikant. Die signifikanten Korrelationen bestehen zur Innovationsbereitschaft und Unternehmenserfolg (stärkste Ausprägung).

8.4 Hypothesentestung

Die Hypothesentestung beginnt mit der Überprüfung der direkten Zusammenhänge zwischen der transformationalen Führung und den abhängigen Variablen Innovationsleistung, Unternehmenserfolg und Innovationsbereitschaft. Ferner wird der Zusammenhang zwischen der transformationalen Führung und dem affektiven Commitment überprüft. Abgeschlossen wird die Hypothesentestung mit der Überprüfung der Zusammenhänge zwischen den abhängigen Variablen Innovationsbereitschaft, Innovationsleistung und Unternehmenserfolg.

8.4.1 Effekte transformationaler Führung auf die Innovationsleistung

Die erste Hypothese 1a des Wirkmodells postuliert, dass transformationale Führung positiv mit der Innovationsleistung zusammenhängt. Zur Überprüfung der Hypothese wurde neben der bereits dargestellten Korrelationsanalyse (vgl. Abb. 20) zusätzlich eine Regressionsanalyse berechnet. Dabei wurden die Facetten der transformationalen Führung als unabhängige Variable und die Innovationsleistung als abhängige Variable verwendet.

Unabhängige Variablen	Abhängige Variablen					
	Innovationsleistung		Unternehmenserfolg		Innovationsbereitschaft	
	ß	R^2	ß	R^2	ß	R^2
Laissez Faire	-.390	.152*	-.459	.211*	-.624	.390*
TA-CR	-.030		.237		.497	
TA-MbEa	-.034	.112	31	.151	.222	.501*
TA-MbEp	-.184		-.193		-1,2	
TF-IIa	.159		.656		.144	
TF-IIb	.025		.000		.335	
TF-IM	.157	.236**	.158	.389*	-.027	.723*
TF-IS	.332		.200		.218	
TF-IC	-.070		-.308		.145	
TF-Cha	-.097		-.167		.127	
N=77 . *p < .001, ** p < .01, *** p < .10.						

Abbildung 23: Regressionsanalyse zur Überprüfung der Hypothese 1a

Wie der Abbildung 23 zu entnehmen ist, klärt die Ausprägung des *Laissez Faire*-Führungsstils 15,2% (p < .001) der Varianz der *Innovationsleistung* auf. Dabei zeigt die Korrelationsanalyse zum *Laissez Faire*-Führungsstil einen signifikant negativen Zusammenhang zur *Innovationsleistung* (r=-.390, p < .001). Dies bestätigt auch das Beta-Gewicht der Regressionsanalyse. Die transaktionalen Skalen zur Messung des transaktionalen Führungsverhaltens klären 11,2% (p < .10) der Varianz der Innovationsleistung auf. Die Korrelationsanalyse weist zur *bedingten Belohnung* und Man*agement by Exception aktiv* einen signifikant positiven Zusammenhang auf (r = .282 und r = .180, p < 0.05), während das *Management by Exception passiv* erwartungsgemäß einen signifikant negativ Zusammenhang zur *Innovationsleistung* zeigt (r = -.300, p < .05). Die verschiedenen Facetten der transformationalen Führung erklären zusammen 23,6% (p < .01) der Varianz der Innovationsleistung und die Korrelationsanalyse zeigen vornehmlich signifikant positive Zusammenhänge zur Innovationsleistung (r = .347 bis r = .439, p < .01). Auffallend ist, dass die Skala *intellektuelle Stimulierung* (r = .439, p < .01) den stärksten signifikant positiven Zusammenhang besitzt. Die Hypothese kann aufgrund des signifikanten R-Quadrats zu den Skalen der transformationalen Führung in der Regressionsanalyse und den signifikanten Korrelationskoeffizienten als bestätigt angesehen werden.

8.4.2 Effekte transformationaler Führung auf den Unternehmenserfolg

Die Hypothese 1b des Wirkmodells geht von einem positiven Zusammenhang zwischen transformationaler Führung und Unternehmenserfolg aus. Die Regressionsanalyse berücksichtigt die Skalen zu den Führungsstilen als Prädiktor und als Kriterium die Variable Unternehmenserfolg. Die Prüfung dieser Hypothese zeigt, wie in Abbildung 24 abgebildet, folgende Ergebnisse.

Unabhängige Variablen	Abhängige Variablen					
	Innovationsleistung		Unternehmenserfolg		Innovationsbereitschaft	
	ß	R²	ß	R²	ß	R²
Laissez Faire	-.390	.152*	-.459	.211*	-.624	.390*
TA-CR	-.030		.237		.497	
TA-MbEa	-.034	.112	31	.151	.222	.501*
TA-MbEp	-.184		-.193		-1,2	
TF-IIa	.159		.656		.144	
TF-IIb	.025		.000		.335	
TF-IM	.157	.236**	.158	.389*	-.027	.723*
TF-IS	.332		.200		.218	
TF-IC	-.070		-.308		.145	
TF-Cha	-.097		-.167		.127	
N=77 . *p < .001, ** p < .01, *** p < .10.						

Abbildung 24: Regressionsanalyse zur Überprüfung der Hypothese 1b

Die Ausprägung des *Laissez Faire*-Führungsstils erklärt 21,1% (p < .001) der Varianz des Unternehmenserfolgs. Die Korrelationsanalyse (vgl. Abb. 20) weist einen signifikant negativen Zusammenhang zur abhängigen Variable aus. Die transaktionalen Skalen zur Messung des transaktionalen Führungsverhaltens klären 15,1% der Varianz des Unternehmenserfolgs auf. Hier zeigen die Skalen *bedingte Belohnung* (r = .365, p < .01) und *Management by Exception aktiv* (r = .214) in der Korrelationsanalyse zum Teil einen signifikant positiven Zusammenhang zum Unternehmenserfolg. Das *Management by Exception passiv* zeigte in der Korrelationsanalyse einen signifikant negativen Zusammenhang zur abhängigen Variable (r = -.332, p < .01). Anzumerken ist, dass das R-Quadrat der Regressionsanalyse zur den transaktionalen Skalen nicht signifikant ist. Die unterschiedlichen Facetten der transformationalen Führung erklären zusammen 38.9% der Varianz des Unternehmenserfolgs. Dabei zeigt die Korrelationsanalyse signifikant positive Zusammenhänge der einzelnen transformationalen Skalen zum Unternehmenserfolg (vgl. Abschnitt 8.2, S. 73). Der stärkste signifikant positive Zusammenhang stellt die Skala *idealisierter Einfluss Verhalten* dar (r = .585, p < .01). Auch die Skala *Inspirierende Stimulation* zeigt einen starken signifikant positiven Zusammenhang zur abhängigen Variable (r = .489, p < .01). Das signifikante R-Quadrat der transformationalen Führung in dieser Regressionsanalyse und die signifikant positiven Korrelationskoeffizienten aus der Korrelationsanalyse bestätigen die Hypothese 1b.

8.4.3 Effekte transformationaler Führung auf die Innovationsbereitschaft

Die Hypothese 1c geht von der Annahme aus, dass transformationale Führung im positiven Zusammenhang mit der Innovationsbereitschaft steht. Die Überprüfung dieser Hypothese anhand der Regressionsanalyse, bei der die verschiedenen Facetten der transformationalen Führung als unabhängige Variablen und die Innovationsbereitschaft als abhängige Variable verwendet wurde, ergab folgende Ergebnisse.

Unabhängige Variablen	Abhängige Variablen					
	Innovationsleistung		Unternehmenserfolg		Innovationsbereitschaft	
	ß	R²	ß	R²	ß	R²
Laissez Faire	-.390	.152*	-.459	.211*	-.624	.390*
TA-CR	-.030		.237		.497	
TA-MbEa	-.034	.112**	31	.151	.222	.501*
TA-MbEp	-.184		-.193		-1,2	
TF-IIa	.159		.656		.144	
TF-IIb	.025		.000		.335	
TF-IM	.157	.236**	.158	.389*	-.027	.723*
TF-IS	.332		.200		.218	
TF-IC	-.070		-.308		.145	
TF-Cha	-.097		-.167		.127	
N=77 . *p < .001, ** p < .01, *** p < .10.						

Abbildung 25: Regressionsanalyse zur Überprüfung der Hypothese 1c

Die Ausprägung des *Laissez Faire*-Führungsstils klärt 39% (p < 0.01) der Varianz der *Innovationsbereitschaft* auf. Der entsprechende Regressionskoeffizient weist einen starken negativen Zusammenhang zur Innovationsbereitschaft auf. Die Facetten der verschiedenen der transaktionalen Führung erklären 50,1% (p < .01) der Varianz der Innovationsbereitschaft. Die transaktionalen Skalen, mit Ausnahme des *Management by Exception passiv*, zeigen aus der Korrelationsanalyse signifikant positive Zusammenhänge zur *Innovationsbereitschaft* (vgl. Abb. 20). Die transformationalen Skalen zur Messung des transformationalen Führungs-verhaltens klären 72,3% (p < .01) der Varianz der Innovationsbereitschaft auf. Dabei weisen die Skalen eine signifikant positive Korrelation zur abhängigen Variable auf. Die Skala idea*lisierter Einfluss Verhalten* zeigt den stärksten positiven Zusammenhang zur Innovations-bereitschaft (r = .785, p < .01). Aufgrund der signifikanten Ergebnisse zur transformationalen Führung aus der Regressions- und Korrelationsanalyse konnte die Hypothese 1c bestätigt werden.

8.4.4 Effekte transformationaler Führung auf das affektive Commitment

Die Annahme, dass transformationale Führung positiv mit dem affektiven Commitment zusammenhängt, postuliert die Hypothese 1d. Die Überprüfung dieser Hypothese erfolgt über zwei Regressionsanalysen, bei dem die unabhängigen Variablen die unterschiedlichen Führungsstile des Full Range of Leaderships sind und abhängigen Variablen des affektiven und kalkulatorischen Commitments darstellen.

| Unabhängige Variablen | Abhängige Variablen | | | |
| | Affektive Commitment | | Kalkulatorische Commitment | |
	ß	R²	ß	R²
Laissez Faire	-.548	.300**	-.194	.38
TA-CR	.513		.119	
TA-MbEa	.118	.461	-.029	.026
TA-MbEp	-.162		-.079	
TF-IIa	.339		.248	
TF-IIb	.302		-.053	
TF-IM	-.103	.679*	.422	.138
TF-IS	.191		-.278	
TF-IC	.135		-.158	
TF-Cha	.025		.088	
N=77 . * p < .01, ** p < .10.				

Abbildung 26: Regressionsanalyse zur Überprüfung der Hypothese 1d

Wie in Abbildung 26 ersichtlich ist, erklären die transformationalen Skalen zur Messung des transformationalen Führungsstils 67,9% (p < .01) der Varianz des *affektiven Commitments*. Aus der Korrelationsanalyse (vgl. Abb. 20) zeigt sich, dass der stärkste signifikant positive Zusammenhang zum *affektiven Commitment* die Skala *idealisierten Einfluss attribuiert* beansprucht (r = .777, p < .01). Gefolgt von der Skala *idealisierten Einfluss Verhalten* (r = .748, p < .01). Die unterschiedlichen Facetten der transaktionalen Skalen klären 46,1% (p = .616) auf. Jedoch ist das R-Quadrat der Regressionsanalyse zu den transaktionalen Skalen nicht signifikant. Bei den Korrelationen bestehen wiederum signifikant positive Zusammenhänge zum affektiven Commitment. Auffallend hierbei ist, dass die *bedingte Belohnung* den stärksten signifikant positiven Zusammenhang hat (r = .668, p < .01), das auf annähernd gleichem Niveau der transformationalen Skalen liegt. Die Ausprägung der *Laissez Faire*-Führung klärt 30% (p < .10) der Varianz des *affektiven Commitments* auf. Die Korrelations-analyse weist einen signifikant negativen Zusammenhang zum affektiven Commitment aus.

Als abhängige Kontrollvariable dient das *kalkulatorische Commitment*. Die Ergebnisse dieser Regressions- und Korrelationsanalyse (siehe Abbildung 26 und 20) entsprechen den Erwartungen der Hypothese 1d. Aufgrund der signifikanten Ergebnisse zu den transformationalen Skalen wird diese Hypothese als bestätigt gewertet.

8.4.5 Effekte von affektiven Commitment auf die Innovationsbereitschaft

Die Hypothese 1e des Wirkmodells postuliert, dass das affektive Commitment positiv mit der Innnovationsbereitschaft zusammenhängt. Für die Regressionsanalyse wurden als Prädiktor das affektive und das kalkulatorische Commitment verwendet. Das kalkulatorische Commitment fungiert bei dieser Überprüfung als Kontrollvariable. Als Kriterium wurde die Skala Innovationsbereitschaft verwendet.

	Abhängige Variable Innovationsbereitschaft	
Unabhängige Variablen	ß	R²
Affektives Commitment	.819	.671*
Kalkulatorisches Commitment	.279	.078**
N=77 . * p < .01, ** p < .10.		

Abbildung 27: Regressionsanalyse zur Überprüfung der Hypothese 1e

Wie in Abbildung 27 zu erkennen ist, klärt das *affektive Commitment* 67,1% (p < .01) der Varianz der *Innovationsbereitschaft* auf. Die Korrelationsanalyse (vgl. Abb. 20) zeigte einen stark signifikant positiven Zusammenhang zur Innovationsbereitschaft (r = .819, p < .01). Erwartungsgemäß erklärt die Kontrollvariable das kalkulatorische Commitment 7,8% (p <.10) der Varianz der Innovationsbereitschaft. Der Zusammenhang zwischen dem *kalkulatorischen Commitment* und der *Innovationsbereitschaft* zeigt einen signifikant schwachen positiven Zusammenhang (r = .279, p < .05). Die Korrelations- und Regressionsanalyse weisen erwartungsgemäße Ergebnisse aus. Somit kann die Hypothese 1e bestätigt werden.

8.4.6 Effekte von Innovationsbereitschaft auf Innovationsleistung

Gemäß dem Wirkmodell stellt die nächste Hypothese 2 die Behauptung auf, dass die Innovationsbereitschaft positiv mit der Innovationsleistung zusammenhängt. Somit wird in der Regressionsanalyse als Prädiktor die Innovationsbereitschaft und als Kriterium die Variable Innovationsleistung verwendet.

Unabhängige Variable	Abhängige Variable Innovationsleistung	
	ß	R²
Innovationsbereitschaft	.488*	.238*
N=77 . * p < .01, ** p < .10.		

Abbildung 28: Regressionsanalyse zur Überprüfung der Hypothese 2

Wie in Abbildung 28 dargestellt, erklärt die *Innovationsbereitschaft* 23,8% (p < .01) der Varianz der *Innovationsleistung*. Die Beta-Gewichtung weist einen signifikant positiven Zusammenhang zwischen der Innovationsbereitschaft und der Innovationsleistung aus. Die Korrelationsanalyse (vgl. Abb. 20) konnte diesen signifikant positiven Zusammenhang bestätigen (r = .488, p < .01). Sowohl die Ergebnisse in der Regressionsanalyse als auch der Korrelationsanalyse zeigen keine zufriedenstellende Ausprägung dar, folglich wird die Hypothese 2 als teilweise bestätigt angesehen.

8.4.7 Effekte von Innovationsleistung auf Unternehmenserfolg

Die letzte Hypothese 3 im Wirkmodell postuliert, dass die Innovationsleistung einen positiven Zusammenhang mit dem Unternehmenserfolg hat. Für die Überprüfung der Behauptung wurde eine Regressionsanalyse mit dem Prädiktor Innovationsleistung und dem Kriterium Unternehmenserfolg durchgeführt.

Unabhängige Variable	Abhängige Variable Unternehmenserfolg	
	ß	R²
Innovationsleistung	.638*	.407*
N=77 . * p < .01, ** p < .10.		

Abbildung 29: Regressionsanalyse zur Überprüfung der Hypothese 3

Wie in Abbildung 29 ersichtlich, klärt die *Innovationsleistung* 40,7% (p < 0.1) der Varianz des *Unternehmenserfolgs* auf. Die signifikant positive Beta-Gewichtung der Innovationsleistung zum Unternehmenserfolg konnte die Korrelationsanalyse (vgl. Abb. 20) ebenfalls bestätigen (r = .638, p < .01). Der signifikant positive Zusammenhang zwischen der Innovationsleistung und dem Unternehmenserfolg weist eine zufriedenstellende Stärke auf. Die Hypothese 3 wird somit bestätigt.

Anzumerken ist bei den Regressionsanalysen, dass zwischen den Führungsstilen und den abhängigen Variablen ein stetiger Zuwachs der aufgeklärten Varianz zur transformationalen Führung zu erkennen ist, was mit dem Augmentationseffekt der transformationalen Führung zu erklären ist.

III Empirische Ergebnisse und Ausblick

In diesem abschließenden dritten Teil der Untersuchung werden die wesentlichen empirischen Ergebnisse aus Teil II vor dem Hintergrund der Implikationen für die Praxis diskutiert. Als Grundlage hierfür erfolgt ein kurzer Rückblick auf die wesentlichen Erkenntnisse aus dem theoretischen Teil I.

9 Zusammenfassung und Diskussion

Die vorliegende Untersuchung hatte das Ziel, den Einfluss von transformationaler Führung der Geschäftsführung auf die Innovationsleistung und den Unternehmenserfolg von KMU's zu messen und auf Unterschiede zu anderen Führungsstilen zu untersuchen. Hierfür wurde im ersten Teil dieser Untersuchung die Basis geschaffen. Zunächst wurde die Entwicklungslinie der transformationalen Führung als zentraler Führungsstil des Full Range of Leadership Ansatzes herausgearbeitet. Weiter wurde die transaktionale Führung und der Laissez Faire-Führungsstil erläutert, um die wesentlichen Merkmale aufzuzeigen und eine Abgrenzung zur transformationalen Führung zu veranschaulichen. Ausgehend von den Merkmalen transformationaler Führung wurden verschiedene Ansätze hinsichtlich der Perspektive der Führungskräfte und den Mitarbeitern dargestellt. Dabei wurden zunächst die Eigenschaften von transformationalen Führungskräften erläutert sowie die Eigenschaften von Mitarbeitern dargestellt, die für transformationale Führung empfänglich sind. Hierzu wurden die Persönlichkeitseigenschaften und Verhaltensweisen der Führungskräfte analysiert. In der Diskussion zu den Eigenschaften von transformationalen Führungskräften wird vor allem die Dimension *Extraversion* des Fünf-Faktoren-Modells als begünstigter Trait behandelt (Judge & Bono, 2003, S. 554-571). Bei den Verhaltensweisen zeigen transformationale Führungskräfte eine idealisierte und visionäre Kommunikation. Ferner führen sie ihre Mitarbeiter wertorientiert unter Berücksichtigung der individuellen Wünsche und Motive. Auch zeigt sich, dass transformationale Führungskräfte Verantwortungsbewusstsein ausstrahlen, bereit sind, Risiken einzugehen sowie Zuversicht versprühen und somit als authentisches Vorbild von den Mitarbeitern akzeptiert werden. Dieses Verhalten von transformationalen Führungskräften bewirkt, dass sich die Motive und Werte der Mitarbeiter auf das von der Führungskraft gewünschte Ziel verändern. Als Konsequenz wird das Leistungsniveau der Mitarbeiter gesteigert, dies nennen Bass & Avolio (1994) den Augmentationseffekt. Neben der Perspektive der transformationalen Führungskräfte, wurde die Perspektive der Mitarbeiter erarbeitet, die eine transformationale Führung unterstützen. Die wissenschaftliche Diskussion zeigt zum einen, dass Mitarbeiter sich zu transformationalen Führungskräften hingezogen fühlen, wenn ihr eigenes Selbstwertgefühl niedrig ist und die transformationale Führungskraft dieses Defizit durch ihre Persönlichkeitseigenschaften und Verhaltensweisen ausgleicht (Klein & House 1995, S. 189). Zum anderen zeigen Mitarbeiter sich zu transformationalen Führungskräften hingezogen, weil sie die gleichen Werte und Eigenschaften wie die Führungskraft aufweisen und somit eine Attraktivität und Bestätigung ihres Selbstkonzeptes wahrnehmen. Die kritische Diskussion zur transformationalen Führung beschäftigt sich vor allem mit der „Heroisierung" des transformationalen Führungsstils (Gebert, 2002, S. 169) sowie mit der zum Teil mangelnden Unterscheidung von Merkmalen und Inhalten des transformationalen Führungsstils zu anderen Führungsstilen. Insbesondere die Differenzierung zur transaktionalen Skala *bedingte Belohnung* ist zur transformationalen Führung kaum sauber trennbar.

Die Effekte transformationaler Führung wurden in verschiedenen Kontexten erarbeitet. Es wird dargestellt, dass transformationale Führungskräfte deutlich höhere Kundenzufriedenheitswerte erzielten im Vergleich zu anderen Führungsstilen (Geyer & Steyrer, 1998, 377-401). Maßgeblich hierfür ist die individuelle Wertschätzung der transformationalen Führungskräfte gegenüber den Mitarbeitern. Auch positive Effekte von transformationaler Führung auf die Lernkultur in Unternehmen konnten veranschaulicht werden. Mehrere Studien zeigten, dass der transformationale Führungsstil im Vergleich zu anderen Führungsstilen deutlich breiteres Wissen im Unternehmen erzeugt (Bass, 2008, S. 638-640; Rank et al., 2003, S. 465-485).

In Kapitel 4 wird das organisationale Commitment im Zusammenhang mit den Effekten transformationaler Führung betrachtet. Durch den Augmentationseffekt bewirkt die transformationale Führung eine hohe Mitarbeiterzufriedenheit und Loyalität zur Führungskraft. Hier zeigen sich positive Zusammenhänge zwischen transformationaler Führung und dem affektiven Commitment. Insbesondere durch die Vermittlung von sinnstiftende Werte und eine glaubhafte Vision durch die Führungskraft werden Mitarbeiter emotional gebunden (Pundt, 2010, S. 77). Auch konnte ein positiver Einfluss von transformationalen Führungskräften und dem affektiven Commitment auf die Arbeitsbedingungen und die Interaktion ihrer Mitarbeiter aufgezeigt werden. Hinsichtlich der Entwicklung von organisationalem Commitment in Unternehmen konnte dargestellt werden, dass bei zunehmender Struktur der Organisation das kalkulatorische Commitment an Verbreitung zunimmt und der positive Einfluss von transformationaler Führung schwindet.

In Kapitel 5 folgt die Einführung des Innovationsmanagements in KMU′s. Eine zentrale Bedingung für Innovationsleistung ist die Innovationsbereitschaft. Thematisiert wird in diesem Zusammenhang unter anderem das organisationale Lernen. Es zeigte sich, dass eine entsprechende Lernkultur in der Organisation etabliert sein muss, um Innovationsbereitschaft zu erzeugen. Hierfür sind Bedingungen wie Spannung, Feedback und lose Kopplung (Freiheitsgrade) notwendig. Zweiter wesentlicher Aspekt für die Erzeugung von Innovationsbereitschaft ist die Unterstützung der Geschäftsführung bei der Entwicklung neuer Ideen und deren Umsetzung. Maßgeblich hierfür ist ebenfalls, dass die Geschäftsführung hinter neuen Entwicklungen steht und Innovationsprojekte vorantreibt. Die Innovationsleistung stellt den Output der Innovationsbereitschaft dar und dient in dieser Untersuchung als Zielgröße von KMU′s (vgl. Unterkapitel 5.4). Die Innovationsleistung kann über objektive und subjektive Kenngrößen ermittelt werden. Die subjektive Beurteilung fragt nach weichen Faktoren wie Wettbewerbsfähigkeit, Innovationsfähigkeit und Unternehmensleistung (Woodside & Wilson, S. 7-8) und ist von den Teilnehmern der Befragung eher einzuschätzen als harte Kennzahlen, die entsprechende Kenntnisse zur Beurteilung voraussetzen. Dabei wurden die Einschränkungen hinsichtlich eines verzerrten Ergebnisses aufgrund von Fehleinschätzungen der Befragten berücksichtigt.

Ebenfalls als Zielgröße von KMU′s dient in dieser Untersuchung der Unternehmenserfolg und wurde im Unterkapitel 5.5 erläutert. Der Unternehmenserfolg kann in qualitativer oder in quantitativer Weise gemessen werden. Auf eine quantitative Messung des Unternehmenserfolgs, die Kennzahlen wie Kapitalrendite, Umsatzrendite, Cash-Flow etc. berücksichtigt, wurde bewusst verzichtet. Stattdessen wird eine subjektive Beurteilung des Unternehmenserfolgs analog der Innovationsleistung gewählt.

Im Kapitel 6 wurden die Zusammenhänge von transformationaler Führung und den abhängigen Variablen Innovationsbereitschaft, Innovationsleistung und Unternehmenserfolg dargestellt. So zeigt sich, dass transformationale Führungskräfte motivational und kognitiv die Innovationsbereitschaft fördern. Zentraler Einflussfaktor der transformationalen Führungskraft ist die Aktivierung der intrinsischen Motivation bei den Mitarbeitern (Shin et al., 2003,

S. 703-714). Die Stärkung der Selbstwirksamkeit der Mitarbeiter durch die transformationale Führungskraft hat ebenfalls einen positiven Einfluss auf die Innovationsbereitschaft, da Herausforderungen eher lösungsorientiert gesehen werden. Die intellektuelle Stimulierung der Mitarbeiter wirkt sich positiv auf die unkonventionelle Ideenfindung aus, die Einfluss auf die Innovationsleistung (Behrends, 1999, S. 57) und folglich auch auf den Unternehmenserfolg hat.

Das Wirkmodell mit seinen Hypothesen für die Korrelationsstudie im empirischen Teil wurde in Kapitel 6.1 vorgestellt. Dem Modell liegen Hypothesen zu Grunde, die von einem positiven Zusammenhang von transformationaler Führung und den abhängigen Variablen ausgehen. Das Wirkmodell wurde mit einem Fragebogen umgesetzt, der sich aus bewährten Fragebogeninstrumenten MLQ 5x Short (Deutsche Version), COBB, TKI und selbst erstellten Items zusammensetzte.

9.1 Zusammenfassung der empirischen Untersuchung

Das methodische Vorgehen sah zur Überprüfung des Wirkmodells neben empirisch bewährten Skalen auch adaptierte und selbsterstellte Skalen vor. Die Validitäts- und Reliabilitätswerte zeigten bei der angepassten Skala Innovationsbereitschaft zufriedenstellende Ergebnisse. Die Skala setzt sich aus ausgewählten Items des TKI von Anderson und West (1998, S. 235-258) zusammen, die Brodbeck und Maier (2001, S. 59-73) ins Deutsche übersetzten. Bei der Zusammenstellung wurden nur die Items der Dimension *Unterstützung von Innovationen* verwendet. Die Skala *Innovationsleistung* besteht lediglich aus einem Item, weshalb auf eine Analyse der Validität und Reliabilität verzichtet wurde. Ebenfalls zufriedenstellende Validitäts- und Reliabilitätswerte lieferte die selbsterstellte Skala *Unternehmenserfolg*. Die Items basierten auf einer subjektiven Einschätzung zum Unternehmenserfolg, um die Befragten nicht auszugrenzen, die keine Kenntnisse über die Finanzen des Unternehmens haben. Somit wurden ausschließlich weiche Faktoren abgefragt und keine Finanzkennzahlen erhoben. Aufgrund der soliden Validitäts- und Reliabilitätswerte hat sich die Fokussierung auf die weichen Faktoren in diesem Bereich als zielführend erwiesen. Bei den Skalen zum organisationalen Commitment wurde auf das validierte Instrument COBB von Felfe, Six, Schmook und Knorz (2002, 39-43) zurückgegriffen. Verwendet wurden ausschließlich die Skalen zum affektiven und kalkulatorischen Commitment, da in der Untersuchung davon ausgegangen wurde, dass vor allem ein positiver Zusammenhang zwischen transformationaler Führung und affektivem Commitment besteht. Das kalkulatorische Commitment diente somit als Kontrollskala. Zur Erhebung der Führungsstile wurde der MLQ 5x Short Fragebogen von Bass und Avolio (1993) in seiner deutschen Fassung verwendet (Felfe, 2005, S. 55). Dargestellt werden die zentralen Items der transformationalen Führung sowie die Skalen zur transaktionalen und passiven Führung. Aufgrund der empirisch belegten Validitäts- und Reliabilitätswerte zu dem MLQ 5x Short und dem COBB wurden diese Instrumente in dieser Untersuchung nicht auf Validität und Reliabilität geprüft.

Die Ergebnisse bestätigen die Erwartungen des Wirkmodells und der zugehörigen Hypothesen. Wie erwartet, konnte ein signifikant positiver Zusammenhang zwischen der transformationalen Führung und der Innovationsleistung (Hypothese 1a) nachgewiesen werden. Dabei zeigten die transformationalen Skalen *idealisierter Einfluss attributiert* und *intellektuelle Stimulierung* die höchsten Korrelationskoeffizienten, gefolgt von der transaktionalen Skala *bedingte Belohnung*. Deutlich schwächer ausgeprägt zeigten sich das *Management by Exception aktiv* sowie eine negative Korrelationen beim *Management by Exception passiv* und der *Laissez Faire*-Führung. Das Ergebnis zeigt, dass die Geschäftsführung durch ihre Vorbildfunktion und die Ausstrahlung von Glaubwürdigkeit positiv auf die Innovationsleistung Einfluss nimmt. Ebenso ermutigt die Geschäftsführung zu neuen Denkweisen und Risikofreudigkeit für Fehler, was ebenfalls maßgeblich auf einen positiven Einfluss auf die Innovationsleistung hindeutet.

Der Zusammenhang der transformationalen Skalen mit dem Unternehmenserfolg (Hypothese 1b) konnte ebenfalls signifikant bestätigt werden. Auch hier zeigten die Skalen zur transformationalen Führung *idealisierter Einfluss attributiert* und *intellektuelle Stimulierung* sowie die *inspirierende Motivation* die höchsten Korrelationen. Die transaktionale Skala *bedingte Belohnung* zeigte eine Ausprägung nahe dem Niveau der transformationalen Skalen. Stärkere negative Zusammenhänge wiesen das *Management by Exception passiv* und die Laissez Faire-Führung im Vergleich zur Hypothese 1a auf. Die Ergebnisse der Hypothese 1b zeigen ein ähnliches Bild wie die Hypothese 1a. Auch hier zeigen sich die Vorbildfunktion und das Ermutigen von neuen Denkweisen als Haupttreiber für die Entwicklung eines positiven Unternehmenserfolgs. Hinzu kommt, dass die Geschäftsführung mit dem Aufzeigen der Sinnhaftigkeit von Maßnahmen und einer Belohnung bei erfolgreicher Umsetzung, einen positiven Einfluss auf den Unternehmenserfolg nimmt.

Gemäß dem Wirkmodell konnte ein signifikant positiver Zusammenhang zwischen transformationaler Führung und der Innovationsbereitschaft (Hypothese 1d) herausgearbeitet werden. Die transformationalen Skalen *idealisierte Einfluss Verhalten* und *idealisierter Einfluss attributiert* zeigen die höchsten Korrelationen. Die transaktionale Skala *bedingte Belohnung* zeigte eine marginal schwächere Korrelation als die transformationale Skala inspirierende Motivation. Den Erwartungen entsprechend zeigten das Management by Exception passiv und die Laissez Faire-Führung eine deutlich negative Korrelation zur Innovationsbereitschaft. Die Hypothese 1d reiht sich zu den vorangegangen Hypothesentestung hinsichtlich der transformationalen Eigenschaften auf die abhängigen Variablen ein. Die Geschäftsführung schafft es hier, durch ihre Vorbildfunktion und das Vorleben hoher Erwartungen einen Nachahmungseffekt zu erzeugen, weshalb sie mit diesem Verhalten positiv auf die Innovationsbereitschaft wirkt.

Das affektive Commitment fungiert in dieser Untersuchung als moderierende Variable zwischen transformationaler Führung und der Innovationsbereitschaft. Der positive Zusammenhang zwischen transformationaler Führung und affektivem Commitment (Hypothese 1c) konnte signifikant nachgewiesen werden. Dabei hatte der *idealisierte Einfluss Verhalten* und *intellektuelle Stimulierung* die stärksten Zusammenhänge mit dem affektiven Commitment. Der Zusammenhang zwischen dem affektiven Commitment und der Innovationsbereitschaft (Hypothese 1e) konnte ebenfalls signifikant nachgewiesen werden. Demzufolge zeigt die Kontrollvariable kalkulatorisches Commitment einen marginalen Zusammenhang zur Innovationsbereitschaft. Die moderierende Rolle des Commitments konnte bestätigt werden. Die Ergebnisse zeigen, dass im Zusammenhang zwischen transformationaler Führung und affektivem Commitment die Geschäftsführung den größten Einfluss nimmt, wenn sie zu neuen Denkmustern motiviert, das Risiko Fehler einzugehen vorlebt und die Mitarbeiter Partizipation entgegenbringt. Auch die Vorbildfunktion spielt hierbei eine wichtige Rolle. Wie die Befunde zeigen erhöht ein starkes affektives Commitment die Innovationsbereitschaft, da die Mitarbeiter um den Stellenwert ihrer Arbeit wissen.

Einen signifikant durchschnittlich positiven Zusammenhang zeigt sich zwischen der Innovationsbereitschaft und der Innovationsleistung (Hypothese 2). Durch das starke affektive Commitment suchen die Mitarbeiter nach Lösungen, um die Umsetzung von Innovationsmaßnahmen voranzubringen (vgl. Herz, Beck & Felfe, 2009, S. 114-115). Einen signifikant höheren positiven Zusammenhang zeigt die Hypothese 3 zwischen der Innovationsleistung und dem Unternehmenserfolg.

Die explorative Analyse zur Veranschaulichung der Zusammenhänge von Geschäftsführer- und Unternehmensmerkmalen mit den Führungsstilen zeigte ein heterogenes Bild. Ein signifikant niedriger positiver Zusammenhang bestand zwischen dem *Alter der Geschäftsführung* und der *Laissez Faire-Führung*. Auch die *Größe des Unternehmens* zeigte eine signifikant niedrige positive Korrelation zur *Laissez Faire-Führung* auf. Der Einfluss der *Unternehmensgröße* und das *Alter der Geschäftsführung* mit den *transformationalen Skalen* waren nur zum Teil signifikant und hatten eine schwache negative Korrelation. Der Einfluss der Geschäftsführer- und Unternehmensmerkmale auf die abhängigen Variablen zeigte lediglich einen signifikant schwachen negativen Zusammenhang zwischen dem *Alter der Geschäftsführung* und *Innovationsbereitschaft* sowie dem *Unternehmenserfolg*. Es erfolgt keine weitere Aufmerksamkeit der explorativen Analyse in den nachfolgenden Implikationen für die Praxis aufgrund der schwach ausgeprägten Korrelationen.

9.2 Implikationen für die Praxis

Die Ergebnisse der Korrelations- und Regressionsanalyse zeigen signifikant positive Zusammenhänge zwischen der transformationalen Führung und den abhängigen Variablen Innovationsleistung und Unternehmenserfolg. Die Stärke der Zusammenhänge bewegt sich dabei auf einem relativ niedrigen bis mittleren Niveau. Ähnliche Effekte haben Geyer und Steyrer (1998, S. 396) bei Ihrer Untersuchung festgestellt. Die empirischen Befunde zeigen auch, dass die transformationale Führung der Geschäftsführung im Vergleich zur transaktionalen Führung und der Laissez Faire-Führung einen deutlich stärkeren Einfluss auf die Innovationsleistung und den Unternehmenserfolg haben. Die Konsequenz hieraus ist eine bessere Wettbewerbsfähigkeit und höhere Renditen für das Unternehmen. Vor dem Hintergrund eines steigenden Fachkräftemangels stellen die Mitarbeiter im Unternehmen die wichtigste Ressource dar. Das Halten von qualifizierten Mitarbeitern ist dabei das vorrangige Ziel für die Unternehmen, um die Wettbewerbsfähigkeit und somit den Unternehmenserfolg nicht zu gefährden.

Hier kann die transformationale Führung ihren Beitrag leisten.

Insbesondere die Subdimensionen *idealisierter Einfluss*, *intellektuelle Stimulierung* und *individuelle Wertschätzung* zeigen einen starken positiven Zusammenhang zum *affektiven*

Commitment der Mitarbeiter. Geschäftsführer von KMU´s sollten in diesem Kontext die transformationale Führung als wirksames Instrument für ein aktives Commitment-Management betrachten, um Mitarbeiter an das Unternehmen zu binden. In Bezug auf die Innovationsbereitschaft zeigt die transformationale Führung vor allem ihre Stärke, indem sie Mitarbeiter intellektuell stimuliert. Gerade bei der Ideenfindung für neue Produkte oder Prozesse ergeben sich Widerstände durch tradierte Denkweisen und nicht ausreichendes Anspruchsdenken der Mitarbeiter (Gebert, 2002, S. 169-170). Durch das Hinterfragen von bestehenden Strukturen und Annahmen kann die Geschäftsführung ihre Mitarbeiter zu einer höheren Innovationsbereitschaft transformieren. Dabei sollte die Geschäftsführung die Rolle eines Mentors übernehmen (Köhn, 2010, S. 201), die hinter den Innovationsprozessen steht und vorantreibt sowie hohe Freiheitsgrade einräumt und gewonnenes Wissen zügig im Unternehmen verteilt. Flankierend zu dieser Vorgehensweise sollten die transformationalen Subdimensionen *idealisierter Einfluss, intellektuelle Stimulierung* sowie die *inspirierende Motivation* in der Kommunikation und im Verhalten zum Tragen kommen, um eine entsprechende Lern- und Innovationskultur zu etablieren. In diesem Zusammenhang zeigt auch die transaktionale Subdimension *bedingte Belohnung* akzeptable positive Zusammenhänge zu Innovationsbereitschaft, sodass z. B. für das Erreichen von Meilensteinen mit einer entsprechenden Belohnung kombiniert werden kann. Zur Erzeugung von Innovationsleistung kann die transformationale Geschäftsführung durch das sinnstiftende Aufzeigen der Bedeutung der eigenen kreativen Arbeit der Mitarbeiter bis zur Konkretisierung (z. B. Produkteinführung im Markt) unterstützen helfen, umso Ideen erfolgreich in neue Produkte zu überführen. Hier zeigt sich auch der unterstützende positive Einfluss vom affektiven Commitment zur transformationalen Führung. Die Befunde zeigen einen starken positiven Zusammenhang zwischen dem affektiven Commitment und der Innovationsleistung. Ein ähnliches Vorgehen wie bei der Innovationsleistung kann auch beim Unternehmenserfolg angewendet werden. Insbesondere die Vermittlung von Werten und einer überzeugenden Vision der Geschäftsführung zeigen hier die stärksten positiven Einflüsse auf den Unternehmenserfolg. Bei der Umsetzung von transformationaler Führung ist zu berücksichtigen, dass den Persönlichkeitseigenschaften der Geschäftsführung eine wichtige Rolle zu kommt (vgl. Kapitel 3.3.5). Geschäftsführer, die vornehmlich die Dimension *Extraversion* des Fünf-Faktoren-Modells aufweisen, scheinen eine bessere Voraussetzung für die transformationale Führung zu haben als Geschäftsführer, die neurotizistisch veranlagt sind.

10 Fazit

Die vorliegende Untersuchung befasste sich theoretisch und empirisch mit der Analyse des Zusammenhangs zwischen transformationaler Führung auf Geschäftsführungsebene und den wirtschaftlichen Parametern Innovationsleistung und Unternehmenserfolg. Dabei lag der Fokus auf kleineren und mittleren Unternehmen, da diese Zielgruppe besonders von den Einflüssen der Innovationsleistung und dem Unternehmenserfolg abhängig sind. Grundlage der Befunde war ein theoriegeleitetes Wirkmodell, das mit positiv formulierten Hypothesen die Zusammenhänge zwischen transformationaler Führung sowie der Innovationsleistung und dem Unternehmenserfolg unterlegt wurde. Die Befunde konnten die Hypothesen aus dem Wirkmodell bestätigen und reihen sich in die Studien der Führungsforschung zur transformationalen Führung ein.

10.1 Einschränkungen und Anknüpfungspunkte weiterer Forschung

Zum Abschluss dieser Untersuchung sollen noch einige Einschränkungen erwähnt werden, sowie Ansatzpunkte für die weitere Untersuchungen zur transformationalen Führung geben.

Zuerst ist die Struktur der Stichprobe zu nennen. Die Teilnehmer der Befragung konnten nicht dezidierten Geschäftsführern und Unternehmen zugeordnet werden, sodass hier ein Potenzial der Verzerrung der Ergebnisse besteht. Ferner ist die Größe (n=77) der Stichprobe in Verbindung mit der Struktur als gering anzusehen und birgt das Risiko einer nicht repräsentativen Auswahl. Ebenfalls einschränkend ist die Bestimmung der Skala *Innovationsleistung* anzusehen, da diese lediglich aus einem Item besteht und bei der Beantwortung ein Interpretationsspielraum bestand. Als weiterer Punkt ist die fehlende Kontrollgruppe zur Zielgruppe KMU hinsichtlich der Interpretation der Ergebnisse zu nennen.

Die angeführten Limitationen bieten Anknüpfungspunkte für weitere Untersuchungen. So ist eine Stichprobe, die Personen und Unternehmen fest zuordnet und mit einer größeren Anzahl an Teilnehmer arbeitet, erstrebenswert. Auch die Einbindung einer Kontrollgruppe nach KMU und Nicht-KMU bietet interessante Vergleichsmöglichkeiten. Abschließend ist die Definition von Innovationsleistung und Unternehmenserfolg unter Bezugnahme von objektiven Kennzahlen ebenfalls ein interessanter Untersuchungsbereich in Verbindung mit der transformationalen Führung.

Literaturverzeichnis

Monographien

von Ahsen, A. (Hg.) (2010). Bewertung von Innovationen im Mittelstand. Berlin, Heidelberg: Springer.

Avolio, B. J. (2011). Full range leadership development. 2. ed. Los Angeles: SAGE Publ.

Backhaus, K., Erichson, B., Plinke, W. & Weiber, R. (2006). Multivariate Analysemethoden. Eine anwendungsorientierte Einführung. 11., überarb. Berlin: Springer (Springer-Lehrbuch).

Bass, B. M. & Avolio, B. J. (1995). MLQ Multifactor Leadership Questionnaire. Redwood City, Ca: Mind Garden.

Bass, B. M. & Bass, R. (2008). The Bass handbook of leadership. Theory, research, and managerial applications. 4 ed., [completely rev. and updated]. New York, NY: Free Press.

Behrends, T. (2001). Organisationskultur und Innovativität. Univ, München, Lüneburg.

Bennis, W. G. & Nanus, B. (1996). Führungskräfte. Die vier Schlüsselstrategien erfolgreichen Führens. München: Heyne (Heyne-Business).

Bortz, J. & Döring, N. (2006). Forschungsmethoden und Evaluation. Für Human- und Sozialwissenschaftler. 4., überarbeitete Auflage. Berlin, Heidelberg: Springer Medizin Verlag Heidelberg (Springer-Lehrbuch).

Brodbeck, F. C., Anderson, N. & West, M. (2001). Teamklima-Inventar. TKI. Göttingen: Hogrefe.

Bryman, A. (1993). Charisma and leadership in organizations. Reprinted. London: SAGE Publ.

Comrey, A. L. & Lee, H. B. (1992). A First Course in Factor Analyses. Hillsdale, N.J.: Lawrence Erlbaum Associates.

Felfe, J. (2005). Charisma, transformationale Führung und Commitment. Köln: Kölner Studienverl.

Gebert, D. (2002). *Führung und Innovation*. Stuttgart: Kohlhammer.

Hauschildt, J. (2004). Innovationsmanagement. 3., völlig überarb. und erw. München: Vahlen (Vahlens Handbücher der Wirtschafts- und Sozialwissenschaften).

Hauschildt, J. & Salomo, S. (2011). Innovationsmanagement. 5., überarb., erg. und aktualisierte Aufl. München: Vahlen (Vahlens Handbücher der Wirtschafts- und Sozialwissenschaften).

Jung, H. (2005). Personalwirtschaft. 6., überarb. München: Oldenbourg.

Kriegesmann, B. (2009). Innovationsforschung 2009/2010. Sind Krisenzeiten Innovationszeiten? Bochum.

Leitow, A. (2010). Innovationsfähigkeit. KMU und Großunternehmen im Vergleich. München: AVM.

Porter, M., E. (2008). Wettbewerbsstrategie. Methoden zur Analyse von Branchen und Konkurrenten. 11., durchges. Frankfurt am Main: Campus.

Schori, K. & Roch, A. (2012). Innovationsmanagement für KMU. 2., vollst. überarb. und erw. Bern u. a: Haupt.

Schuler, H. (Hg.) (2007). Lehrbuch Organisationspsychologie. 4., aktualisierte Aufl. Bern: Huber.

Speck, P. (2008). Employability - Herausforderungen für die strategische Personalentwicklung. Konzepte für eine flexible, innovationsorientierte Arbeitswelt von morgen. 3., aktualisierte und erw. Wiesbaden: Gabler.

Staehle, W. H., Conrad, P. & Sydow, J. (1999). Management. Eine verhaltenswissenschaftliche Perspektive. 8. Aufl. München: Vahlen.

Vahs, D. (2005). Organisation: Einführung in die Organisationstheorie und -praxis (5., überarb). Stuttgart: Schäffer-Poeschel.

Wottawa, H. & Thierau, H. (1998). Lehrbuch Evaluation. 2., vollst. überarb. Bern: Huber (Aus dem Programm Huber).

Yukl, G., A. (2006). Leadership in organizations. 6. Aufl. Upper Saddle River, NJ: Pearson/Prentice Hall.

Beiträge in herausgegebenen Werken

Andersen, E. S. (2007). Innovation and demand. Elgar companion to neo-Schumpeterian economics. Cheltenham [u.a.]: Elgar, S. 754–765.

Elizur, D. & Guttman, L. (1976). The structure of attitudes toward work and technological change within an organization. Berlin (Preprint series of the International Institute of Management, Berlin, 1/76, 52).

Günterberg, B. & Wolter, J. (2002). Unternehmensgrößenstatistik. Daten und Fakten (IFM 157). Bonn (Daten und Fakten / Institut für Mittelstandsforschung).

Kimberly, J. R. (Hg.) (1981). The organizational life cycle. Issues in the creation, transformation, and decline of organizations. San Francisco: Jossey-Bass.

Rousseau, D. M. (2012). Organizational behavior's contributions to evidence-based management. The Oxford handbook of evidence-based management. Oxford ; New York: Oxford University Press, S. 61–78.

Schwennen, C. (Hg.) (2008). Psychologie der Arbeitssicherheit und Gesundheit. Perspektiven – Visionen, 15. Workshop 2008. Kröning: Asanger.

Spielkamp, A. & Rammer, Ch. (2006). Balanceakt Innovation. Erfolgsfaktoren im Innovationsmanagement kleiner und mittlerer Unternehmen. Hg. v. Zentrum für Europäische Wirtschaftsforschung. Mannheim (06-04).

Zeitschriften

Allen, N.J. & Meyer, J. P. (1990): The Measurement and Antecedents of Affective, Continuance and Normative Commitment to the Organisation. Journal of Occupational Psychology, 63, S. 1–18.

Anderson, N. R. & West, M. A. (1998). Measuring climate for work group innovation: Development and validation of the team climate inventory. Journal of organizational Behavior, Vol. 19, 235–258.

Anderson, N. R., Dreu C. K. W. & Nijstad B. A. (2004). The routinization of innovation research: a constructively critical review of the state-of-the-science. Journal of Organizational Behavior, 147-173, Bd. 25, S. 147–173.

Armbruster, H., Kinkel, S., Kirner, E. & Wengel, J. (2005). Innovationskompetenz auf wenigen Schultern. Wie abhängig sind Betriebe vom Wissen und den Fähigkeiten einzelner Mitarbeiter? *Mitteilungen aus der Produktionsinnovationserhebung (35), S. 1–12.*

Ashforth, B. & E., Mael, F. (2007). Social identity theory and the organization. *Fundamentals of HRM*, S. 114–135.

Bass, B. M. (1995). Theory of Transformational Leadership Redux. The Leadership Quarterly, 6 (4), S. 463–478,

Bass, B. M. & Avolio, Bruce J.; Jung, D. I.; Bearson, Y. (2003). Predicting Unit Performance by Assessing Transformational an Transactional Leadership. Journel of Applied Psychology, Bd. 88, S. 207–218.

Bono, J. E. & Judge, T. A. (2003). Best Article Award for 2002 - Self-Concordance at Work Toward Understanding the Motivational Effects of Transformational Leaders. *Academy of Management journal : AMJ* 46 (5), S. 554–571.

Bono, J. E. & Judge, T. A. (2004). Personality and Transformational and Transactional Leadership: A Meta-Analysis. Journel of Applied Psychology Vol. 89, Bd. 5, S. 910-910.

Brodbeck, F. C. & Maier G. W. (2004). Das Teamklima-Inventar für Innovationen in Gruppen. Psychometrische Überprüfung an einer deutschen Stichprobe. Zeitschrift für Arbeits- und Organisationspsychologie Vol. 45, No. 2, 59-73.

Chen, G., Liu, C. & Tjosvold, D. (2005). Conflict Management for Effective Top Management Teams and Innovation in China. Journal of Management Studies, Vol. 42, S. 277–300.

Conger, J. A., Kanungo, R. N. & Menon, S. T. (2000). Charismatic leadership and followed effects. *Journal of organizational Behavior* Vol 21, 2000, S. 747–767.

Dabos, G. & Rousseau D. M. (2004). Mutuality and reciprocity in the psychological contracts of employee and employer. Journal of Applied Psychology, Bd. 89, S. 50–72.

Damanpour, F. (1991): Organizational Innovation. A Meta-Analysis of Effects of Determinants and Moderators. The Academy of Management Journal, Vol. 34, No. 3.

Deeg, J. & Weibler, J. (2012). Führungstheorien auf dem Prüfstand. Eine Spurensuche nach (proto-)integralem Denken in der Führungslehre. Wirtschaftspsychologie, 3-2012, S. 21–33.

Felfe, J. & Scheyns, B. (2006). Personality and the perception on transformational leadership. The impact of extraversion, neuroticism, personal need for structure, and occupational self-efficacy. *Journal of applied social psychology : devoted to applications of experimental behavioral science research to problems of society* 36 (3), S. 708–739.

Felfe, J., Six, B. & Schmock, R. (2010). COBB. Commitment gegenüber der Organisation, dem Beruf/der Tätigkeit und der Beschäftigungsform. Organisationspsychologische Instrumente. Lengerich [u.a.]: Pabst, S. 39–43.

Gebert, D. (1987). Führung und Innovation. Zeitschrift für betriebswirtschaftliche Forschung, 39(10), 941-951.

Geyer, A. & Steyrer, J. (1998). Messung und Erfolgswirksamkeit transformationaler Führung. ZfP - Zeitschrift für Personalforschung, 4/98, S. 377–401.

Gumusluoglu, L.; Ilsev, A. (2009). Transformational leadership, creativity, and organizational innovation. Journal of Business Research, Bd. 62, S. 461–472.

Harazd, B., van Ophuysen, S. (2011). Transformationale Führung in Schulen. "Der Einsatz des Multifactors Leadership Questionnaire". (MLQ 5 x Short). Journal for Educational Research Online, Volume 3, S. 141–167.

Herz, A., Beck, A. & Felfe, J. (2009). Organisationales Commitment als Mediator zwischen transformationaler Führung und Kundenzufriedenheit. *Wirtschaftspsychologie* (3), S. 106–118.

House, R. J. (1971). A path goal theory of leader effectiveness. Administrative Science Quarterly, 16(3), 321-339.

Judge, T. A., Bono, J. E. (2000). Five-factor model of personality and transformational leadership. Journal of Applied Psychology, Vol 85(5), 751-765.

Judge, T. A.; Woolf, E. F.; Hurst, C.; Livingston, B. (2006). Chrarismatic and Transformational Leadership. A Review and an Agenda for Future Research. Zeitschrift für Arbeits- und Organisationspsychologie, Bd. 50, S. 203–214,

Jung, D. I.; Chow, C.; Wu, A. (2003). The Role of Transformational Leadership in Enhancing Organizational Innovation: Hypotheses and Some Preliminary Findings. Leadership Quarterly, Bd. 14, S. 525–544.

Keller, R. T. (2006). Transformational leadership, initiating structure, and substitutes for leadership: A longitudinal study of research and development project team performance. Journal of Applied Psychology, Vol. 91 (1), S. 202–210.

Klein, K. J. & House, R. J. (1995). CHARISMATIC OF LEADERSHIP AND LEVELS OF ANALYSIS. Leadership Quarterly, 6 (2), S. 183–198.

Lim, B. C. & Ployhart, R. E. (2004). Transformational Leadership: Relations to the Five-Factor Model and Team Performance in Typical and Maximum Contexts. Journal of Applied Psychology, 89 (4), S. 610–621.

Lord, R. G., Vader, C. L. de & Alliger, G. M. (2007). A meta-analysis of the relation between personality traits and leadership perceptions. An application of validity generalization procedures. *Fundamentals of HRM*, S. 189–204.

Meindl, J. R.; Ehrlich, S. B. & Dukerich, J. M. (2009). The romance of leadership. *Change management*, S. 362–388.

Meyer, J. P., & Allen, N. J. (1991). A three-component conceptualization of organizational commitment. Human Resource Management Review, 1, 61-89.

Morhart, F., Jenewein, W., Herzog, W. & Brösamle, S. (2012). Guter Chef, gute Verkäufer. *Harvard-Business-Manager : das Wissen der Besten* 34 (9), S. 44–46.

Morrison, E. W. (1994): Role Definitions and Organizational Citizenship Behavior. The Importance of the Employee's Perspective. Academy of Management Journal, Bd. 6, S. 1543–1567.

Mowday, R. T. & Steers, R. M. (1979). The measurement of organizational commitment. Journal of Vocational Behavior, Bd. 14, S. 224–227.

Rank, J., Nelson, N. E., Allen, T. D. & Xu, X. (2009). Leadership predictors of innovation and task performance: Subordinates' self-esteem and self-presentation as moderators. Journal of Occupational and Organizational Psychology, 82, S. 465–489.

Riketta, M. & van Dick, Rolf (2005). Foci of attachment in organizations. A meta-analytic comparison of the strenghts and correlates of work group versus organziational identification and commitment. Journal of Vacational Behavior, Bd. 67, S. 490–510.

Rowold, J. & Streich, M. (2007). WIRD INNOVATION DURCH FÜHRUNGSSTILE UND EIN POSITIVES LERNKLIMA GEFÖRDERT? Wirtschaftspsychologie, Heft 2 / 2007, S. 93–102.

Scheyns, B. & Felfe, J. (2008). Challenges of implicit leadership theories for management. *21st century management*, S. 301–310.

Seltzer, J. & Bass, B. M. (1990). Transformational leadership: Beyond initiation and consideration. Journal of Management, Bd. 16, S. 693–703.

Seltzer, J.; Numerof, R. E. & Bass, B. M. (1989). Transformational leadership: Is it a source of more or less burnout or stress? Journal of Health and Human Resources Administration, Bd. 12, S. 174–185.

Shamir, B. House R. J. & Arthur M. B. (1993). The Motivational Effects of Charismatic Leadership: A Self-Concept Based Theory. Organization Science, Bd. 4, S. 577–594.

Shin, S. J. & Zhou, J. (2003). Transformational Leadership, Conservation, and Creativity: Evidence from Korea. Academy of Management Journal, Vol. 46, No. 6, S. 703–714.

Steyrer, J. & Meyer, M. (2010). Welcher Führungsstil führt zum Erfolg? 60 Jahre Führungs-stilforschung ; Einsichten und Aussichten. *Zeitschrift Führung + Organisation : ZfO* 79 (3), S. 148–155.

Süß, S. (2008). Arbeitsbezogene Erwartungen und Commitment von IT-Freelancern. Konzeptionelle Überlegungen und empirische Erkenntnisse. *Zeitschrift für Management : ZfM* 3 (2), S. 149–172.

Tartler, K.; Liepmann, D. & Felfe, J. (2005). Examining the factor stucture of the MLQ. Recommendation for a reduced set of factors. *European journal of psychological assessment : official organ of the European Association of Psychological Assessment* 21 (2005), S. 182–190.

Tuten, T. L., Urban, D. J. & Bosnjak, M. (2002). Internet surveys and data quality. A review. *Online social sciences*, S. 7–26.

Nikolaou, I. (2004): The role of emotional intelligence and personality variables on attitudes toward organisational change. Journal of Managerial Psychology, 19, S. 88–110.

van Knippenberg, D. & van Schie, E. C. M. (2000). Foci and correlates of organizational identification. Journal of Occupational and Organizational Psychology, Bd. 73, S. 137–147.

Venkatraman, N. & Ramanujam, V. (1987). Planning system success. A conceptualization and an operational model. *Management science : journal of the Institute for Operations Research and the Management Sciences.*

Waldmann, D. A. & Yammarino, Francis I.(1999). CEO Charismatic Leadership: Levels-of-Management and Levels-of-Analysis Effects. Academy of Management Review, Vol. 24, No. 2, S. 265–285.

Waldmann, D. A., Ramirez, G. G., House, R. J. & Puranam, P. (2001). DOES LEADERSHIP MATTER?: CEO LEADERSHIP ATTRIBUTES AND PROFITABILITY UNDER CONDITIONS OF PERCEIVED ENVIRONMENTAL UNCERTAINTY. Academy of Management Journal, Vol. 44 No. 1, S. 134–143.

Weibler, J. (1997). Unternehmenssteuerung durch charismatische Führungspersönlichkeiten? Anmerkungen zur gegenwärtigen Transfomationsdebatte. zfo Zeitschrift Führung + Organisation, 1/1997, S. 27–32,

West, M. A. (1990). State of the Art: Innovation and creativity at work. The Psychologist, 13 (9), 460-464.

Woodside, A. G. & Wilson, E. J. (2002). Respondet Inaccuracy. Journal of Advertising Research, Bd. 42, S. 7–18.

Zaleznik, Abraham (2008). Managers and leaders. Are they different? *Managerial psychology*, S. 183–197.

Studien

Arthur D. Little (2004). Innovation Excellence Studie 2004. Innovationsmanagement als strategischer Hebel zur Ergebnisverbesserung. Hg. v. Arthur D. Little und BDI. Berlin.

Mertins, K., Kohl, H. & Krebs, W. (2008). Benchmarking-Studie. Messung und Bewertung der Innovationsfähigkeit kleiner und mittlerer Unternehmen in Deutschland ; Ergebnisse einer Befragung zum Innovationspotenzial im deutschen Mittelstand im Rahmen der Initiative "Sachen Machen". Stuttgart: Fraunhofer-IRB-Verl.

Rammer, Ch. & Köhler, Ch. (2012). Innovationsverhalten der Unternehmen in Deutschland 2010. Aktuelle Entwicklungen – Innovationsausgaben und andere Investitionen. Hg. v. Zentrum für Europäische Wirtschaftsforschung (ZEW). Berlin.

Zagoršek, H., Dimovski,V. & Škerlavaj, M. (2008). Transactional and transformational leadership impacts on organizational learning. JEEM 02/2009. Ljubljana.

Dissertationen

Dörr, S. (2008). Motive, Einflussstrategien und transformationale Führung als Faktoren effektiver Führung. Dissertation. Mering: Rainer Hampp Verlag.

Eisenbeiß, S. A. (2008). Zwei Seiten einer Medaille Effekte transformationaler Führung auf Teaminnovation. Dissertation Universität Konstanz. Konstanzer Online-Publikations- System.

Puggel, A. (2012). Die Wirkung der organisationalen Absorptionsfähigkeit auf die Innovationsbereitschaft von Führungskräften - Modell und empirische Überprüfung im Kontext von Prozessinnovationen. Dissertation Technische-Universität Chemnitz

Pundt, Alexander (2010): Beteiligungskultur und veränderungsbezogene Einstellungen der Mitarbeiter. Dissertation Universität Rostock.

Riedelbauch, K.; Laux, L. (2011): Theorie und Förderung transformationaler Führung: Selbstdarstellungstheoretische Interpretation und Wirksamkeit von Gruppenworkshops und Einzelcoachings. Dissertation Universität Bamberg.

Der Autor

Sascha Seidel, Dipl.-Kfm. (FH) und MBA, wurde 1975 in Osnabrück geboren. Während seiner verschiedenen Vertriebspositionen im Firmenkundengeschäft bei Leasingbanken und im Sparkassenbereich als Fach- und Führungskraft, studierte er nebenbei Betriebswirtschaftslehre in Hamburg und absolvierte ein Masterstudium mit wirtschaftspsychologischen Schwerpunkt an der Leuphana Universität Lüneburg. An dieser absolvierte er eine Coachingausbildung. Seit 2013 ist er als nebenberuflicher Coach für Unternehmer, Führungskräfte und Young Professionals tätig.